複利効果の生活習慣

健康・収入・地位から、自由を得る

THE COMPOUND EFFECT

Multiplying Your Success, One Simple Step at a Time

DARREN HARDY

ダレン・ハーディ 著

住友 進 訳

THE COMPOUND EFFECT :
Multiplying Your Success. One Simple Step at a Time
by Darren Hardy

Published by agreement with Folio Literary Maneagement, LLC
and Tuttle-Mori Agency

本書を次の人々に捧げる

私にとって、最愛の人物である私の父ジェリー・ハーディに。なぜなら複利効果の原理を生きた見本として教えてくれたのが父だからである。

そして、私の師であるジム・ローンに。彼が大切な人物に重要なことを伝える方法を、私にもっとうまく教えてくれたのだから。

注意！

本書の各章の見出しを見ると簡単そうに見える。成功の戦略にはもう秘密などないのだ。しかしほとんどの人はその戦略に見向こうともしない。成功の秘訣ならもうわかっていると思ってはいないだろうか？　あなただけでなく、誰もがそう思っている。しかし、本書の6つの章で紹介した戦略は、あなたの収入、人生――そして成功――に、以前にはないようなやる気を起こしてくれるだろう。

「サクセス」誌の発行人として、私はその戦略のすべてを理解してきた。時間をかけてきちんと実行された、単純な行動である〝**複利効果**〟のパワーは比類のない威力を発揮してくれるのである。

これぞ決め手なのだ。あなたの人生に大きな成功を達成するために必要な秘訣は、この複利効果である。あなたの人生のどんな夢、願望、目標であれ、そのすべてを実現するための計画は、今、あなたが手にしている本のなかに書いてある。読み続けてくれたら、あなたの人生に大きな刺激を与えることになるだろう。

あなたが利用する学習、戦略、戦術がなんであれ、
成功は複利効果の結果として実現される。

目次

アンソニー・ロビンズからのスペシャルメッセージ

Special Message from Anthony Robbins

過去30年間、私は400万人以上の人に、人生で飛躍的成長を成し遂げるための手伝いをする機会に恵まれてきた。国家の大統領から囚人、オリンピック選手、アカデミー賞受賞のエンターテナー、億万長者の起業家、さらには起業したてでまさに悪戦苦闘の最中の人にいたるまで実に多くの人々に取り組んできたのだ。家族の絆を懸命につなぎとめようとする夫婦と働くにせよ、まったく新しい人生の生き方を模索する刑務所にいる囚人と取り組むにせよ、ほんとうに「色あせることのない」成果を成し遂げる手助けをするのに力を注いできたのである。この目的は、魔法の薬か奥義秘伝を使って成し遂げられるものではない。それは失敗に至る多くのパターンを打ち破り、意味のある人生を実現するのに本当に必要な手段、戦略、科学を理解して、はじめて成し遂げられる成果なのである。

本書の著者ダレン・ハーディも私も幼いころに、自力で人生を築き上げる決意をした。そして私たちは自分が理想とする人生を送っている人物を探し出すことで、その答を探し出してきたのである。そうすることで、学んだものを実際に応用することができた。ふたりともジム・ローンを師に挙げたのは、実際、さほど驚くことではない。なにしろジムは、つねに成功を実現に導いてくれる真実、法則、訓練を人々に理解するのを助けてくれる名人だったのだから。彼は願いが叶うかどうかは運次第で決まるのではないことを教えくれた。実際に成功に必要なのは運ではなく科学なのである。たしかに、人にはそれぞれ自分なりの個性があるが、成功するにはかならず同じ法則が応用されている。自分が蒔いた種は自分で刈り取るのである。すなわち、人生に意欲的に取り組まなければ、多くの成果が手に入ることはないのだ。もっと人に愛されたいと思うなら、自分がもっと人を愛さなくてはならない。そしてもっと大きな成功を手にいれたいなら、もっと多くの人を助けなくてはいけないのである。この成功哲学を研究し、身に付けたとき、自分が望む成功が見えてくるようになるだろう。

ダレンはこの哲学を体現してくれる素晴らしい見本となる人物である。まさに有言実行の人物で、言ったことはまさに見事に実現してくれた。彼が自分の本のなかで教えてくれることは、実際に自分で実践したことに基づいている――私も彼と同様にこのような姿勢で本を執筆している。

成功するための必要事項に関する簡単だが、しっかりした基礎を踏まえて、実生活に利用することで彼は、24歳までに年収１００万ドル以上を稼ぎ、27歳には５０００万ドルの収益を上げる企業を築き上げた。過去20年間、彼の人生は、成功についての勉強と研究を実際に試してみることに費やされてきた。自らを人生という研究室の実験材料として使い、種々様々なアイデア、工夫、手段を検査し、失敗や勝利を繰り返すことで、どのアイデアと戦略に長所があり、どれが役に立たないのか理解してきたのである。

私とダレンの付き合いは長い。彼は自己啓発業界のリーダーとして、数多くの一流作家、講演者、思想的リーダーとも密接に仕事をしている。そして、何万人もの起業家に訓練を施してきた。また、多くの大企業ばかりでなく、個人的にも門下生になった10人余りの一流CEOや優れた業績を上げた成功者たちにもアドバイスを与え、彼らに実際に重要で、役に立つものや、そうではないものを教えた。ダレンは「サクセス」誌の発行人として、自己啓発業界の中心的人物である。実業家のリチャード・ブランソンから軍人のコリン・パウエル将軍、自転車レーサーのランス・アームストロングにいたる多士済々のトップリーダーやプレーヤーたちと、成功の話題について多数のインタビューを行い、最高のアイデアを掘り下げて、そのアイデアのすべてを――私自身も多少参加して――編集してきた。彼は全身全霊を込めて、自己啓発に関する情報をえり分けて、消化、整理、分析、要約、分類して、やさしく説明してくれる（生きる）百科事典と言ってもいいほどの人物なのである。余分なものは取り除き、重要な核となる、人生のなかできちんと目に見える、持続可能な結果をすぐに生み出せるようにしてくれる原理に焦点を当ててきたのである。

本書〝The Compound Effect（複利効果）〟は、あなたにこの哲学を理解してもらい、思うままに利用できるようにし、自分の必要や要求に応じて決断を下せるようにする方法を教えるための取扱説明書である。この目標が成し遂げられたなら、あなたには獲得できなかったり、達成できなかったりするものはもう何ひとつなくなる。

本書は、私が自分自身の人生や訓練のなかで利用してきた原理に基づいている。すなわち、自らの決断が自らの運命を決めているという原理だ。未来を創造するのはあなたなのである。毎日の、ちょっとした決断が、自分が望んでいる人生を実現してくれるか、災難を引き起こしてしまうか、いずれかの結果を招く。実際、人生を決定するのは、ちょっとした決断が決めているのだ。たった2ミリだけ進行方向がずれても、軌道は変わる。小さな、取るに足りない決断が、とんでもない見込み違いの結果となってしまうのだ。食べ物、職場の環境、一緒に過ごす人物、午後の過ごし方といったありとあらゆる選択が、今日のあなたの生き方を決めている。しかしそれよりももっと重要なことは、これからの人生をどのように過ごしていくかということである。幸いにも、あなたの心が変化を起こしてくれる。2ミリの誤差で人生の進路はひどく逸れてしまう恐れがあるが、ほんの2ミリ再調整しさえすれば、きちんと元に戻せるのである。そうするためのコツは、自分の本拠地の在りかを示してくれる計画、案内、地図を見つけ出すことである。どうすればその場所にたどりつけるのだろう？　そして正しい道を歩み続けるにはどうすべきなのだろう？

本書はこの疑問に答えてくれる詳しい、具体的な行動計画である。本書を読めば、予測していたことが根底から揺さぶられ、思い込みが消し飛んで、好奇心に再び火が灯されることになる。そうすることで、あなたの人生に生きがいが生まれてくる――さあ、すぐに始めよう。本書を活用してほしい。あなたが望む人生や成功を実現する案内として使うのだ。そうしてくれたなら――そしてそれをつねに忘れずにいてくれるなら――最高の人生をもたらしてくれる経験を味わってもらえることを約束しよう。

情熱を抱いて生きることだ！

アンソニー・ロビンズ

企業家、作家、最大の業績を実現する戦略アドバイザー

はじめに

Introduction

本書では、成功および成功を実際に実現するのに必要なことについて説明していく。今こそ、誰かが成功について正直に話さなくてはならない。非常に長い間、あなたは言葉巧みにだまされ続けてきた。実際は、成功を手に入れるための特効薬、奥義秘伝、応急処置などといったものはなにひとつ存在しないのである。インターネットで1日2時間使えば年20万ドル儲けられるとか、このダイエットで週に15キロ痩せられるとか、このクリームを使えば20年間ほったらかしにされていた顔の疲れを元通りにできるとか喧伝されているが、そんなことはできない。失われた愛情を取り戻してくれる薬などありはしないのである。うますぎる話に乗っていては、長続きできる成功を探し出すことなどできはしない。地元のウォールマートに、透明のプラスチック容器に密封された成功、名声、自尊心、良好な人間関係、健康、幸福を実現してくれる商品が置いてあったなら、なんと素晴らしいことだろう。しかし残念ながら、あったとしても、そんなもの役に立つわけがないのである。

お金、健康、若さ、魅力が手に入れられるとますますやかましく煽り立ててくる主張に人々はつねに攻め立てられている……39ドル95セントのわずか3回払いで、ほとんど努力しないでたちどころに夢が叶う。こういった調子で何度も繰り返されるメッセージ攻めは、実際には成功するために必要な感覚を歪めているのだ。そのせいで、私たちは簡単だが、非常に重要な成功原則をずっと見失ってきたのである。

私はこの状況にうんざりしている。こんな無謀なメッセージで、人間をダメにするところをもう黙って見過ごすわけにはいかない。私はみなさんに基本に立ち戻ってもらうために本書を書いた。余計なものを取り除き、重要な核となる基本に焦点を合わせてもらえるようにするためである。本書に掲載したエクササイズと時の試練を経た原理は〝あなたの〟人生ですぐに実行に移すことができる。私はこれからみなさんに「複利効果」の威力を利用する方法を教えていく。よかれあしかれ、この複利効果とはあなたの人生を司るオペレーティングシステムである。このシステムを使って自分を有利な状況におくことができれば、人生で実際に革命を起こすことができる。全力を傾けさえすれば、どんなことでも成し遂げることができるという言葉を耳にしたことがないだろうか？　もちろん、このシステムのやり方さえ知っていればそれは可能である。本書はあなたにそのやり方を習得する方法を教えてくれる取扱説明書だ。それをマスターするとき、あなたはどんなことでも手に入れ、実現することができる。

複利効果がまさしくあなたが成功するために必要な唯一の方法なのだ。でも、どうすればこの事実に気づいてもらえるだろう？　そのための第一歩は、私が実際にこの原理を自分の生活に応用してきたということである。作家が自分の名声や財産を大げさに言い触らすのを聞かされるのはたまったものではないが、実際に、自分の個人的経験から話していることに気づいてもらうのは大切なことだ――私はたんなる理論を振りかざすのではなく、生きた証拠を提供している。アンソニー・ロビンズが述べている通り、私は本書でこれから説明する原理を生活の指針にする努力をしてきた。だから、ビジネスの世界で重要な成功を味わうことができたのである。そのような成果を果たせたのも、過去20年間、成功や人間の達成能力に関し猛烈な勉強をしたおかげなのだ。私は数十万ドルの資金を使って、何千もの様々なアイデア、資料、哲学を検査してきた。このような個人的な経験は、あなたが学んでいる領域や戦略や戦術の利用の仕方がなんであれ、複利効果というオペレーティングシステムを働かせた結果として成功が訪れてくるということを証明してきた。

ふたつ目は、過去16年間、自己啓発業界の指導者となってきたことである。私は尊敬する思想リーダー、講演者、作家と一緒に働いてきた。また講演者やコンサルタントとしても、何万人もの企業家に訓練を施し、ビジネスリーダー、企業の幹部社員、無数の成績優秀者に助言を行ってきた。このような数多くの事例研究から、私は何が役に立ったか――何が役に立たなかったか――を導き出してきたのである。

3つ目は、「サクセス」誌の発行人として、数千もの論文や書物を選り分けて、雑誌で特集する専門家を選び出し、彼らの資料をすべて論評してきたことである。毎月、多くの成功に関する話題について6人の一流専門家とインタビューを行い、最高のアイデアを掘り下げてきた。毎日、一日中、私は個人的成功に関するたくさんの情報を読み、中味を絞り込んでである。

私が言いたいのはこういうことだ。あなたが自己啓発業界に関する網羅的な観点を手に入れ、世界でもっとも成功した何人かの人物の教えと最高の実践研究を通して知恵を獲得したとき、そこから驚くほどはっきりとしたものが見えてくる、と。つまり、根本的真実が非常に明瞭になるのである。私はこの真実のほとんどを理解し、読んで、耳にしてきた。だから「科学的な現状打破の理論」を手に入れたと豪語する自称予言者の言葉にもはやだまされることはない。いくらそんな理論を納得させようとしても私にはすべて無駄なのだ。私が合格点を付けてもらうためには非常にたくさんの基準点をクリアしなくてはならなかった。実に多くの道に踏み込み、多大の苦労をして真実を学ぶことになった。私の師で、偉大なビジネス哲学者ジム・ローンは次のように言っている。「新しい基本などというものは存在していない。真実は新しくはなく、古いものなのだ。〝ここに来て、私が創った古美術を見せてあげよう!〟と口にするような人間には、多少眉に唾をつけておくべきだ。古美術を製造することなどできやしないのだから」

本書で述べるのは、余計な騒音、脂肪、ほこりをすべて取り除いた、実際に重要な内容のことばかりである。実際に役立つとはどんなことなのだろう? 集中して、身に付けたなら、自分の望む目標や理想の人生を実現できるようにしてくれる6つの基本的特徴とは何だろう? 本書にはこの6つの基本が説明されている。それが複利効果と呼ばれるオペレーティングシステムなのである。

本題に入る前に、ひとつ忠告しておこう。成功を手に入れるのは容易なことではない。成功を成し遂げるまでには努力が必要で、途中であきあきし、ときには退屈さえ感じてしまう。金持ちになり、人に影響を与え、自分の分野で世界に通用できるようにするには、時間がかかり、骨も折れる。しかし誤解しないでほしい。本書の手段に従ってくれるなら、人生のなかでほぼ確実に結果が現れてくるだろう。しかし仕事、規律、熱意など努力することなどまっぴらごめんだと思っているようなら、あなたはテレビに目を向けて、クレジットカードが使えるなら、一夜にして成功を約束するとしつこく勧誘してくる、通販番組に希望を抱くことになるだろう。

言いたいのは次のことである。あなたは成功に必要なことはすべてすでに知っている。それ以外のことは学ぶ必要などない。情報がもっと手に入りさえすれば成功できるとするなら、インターネットに接続している人は全員、大邸宅に住んで、（硬く引き締まった腹筋になると話題の）脂肪燃焼クリームを手に入れて、この上なく幸せな気分でいられることになるだろう。しかし実際はそんな新しい情報もいらないし、もっとたくさんの情報を収集する必要もない――求められているのは、新しい〝行動〟計画なのである。今こそ、自分を妨げている障害から身を引き離して、成功に導いてくれる新しい行動と習慣を作り出す時だ。それは非常に簡単なことだ。私のサイト<TheCompoundEffect.com>に、本書全体で使用することのできる資料〔英語版〕を載せた。このサイトにアクセスしてほしい！　そして利用することだ！　本書やあなたを支援するために提供した材料は、私が耳にしたり、見たり、研究したり、試したりしたすべてのもののなかでも最高の材料だ。人生を変えてくれるはずのこの一冊には、「サクセス」誌で毎月提供してきたなかでもえりすぐりの情報を用意した。しかも内容は簡単に理解してもらえるものだ！

ではさっそく始めよう！

第1章　複利効果の働き

The Compound Effect in Action

「ゆっくり着実に走ればレースに勝つ」という言葉をご存じだろうか？　あるいはウサギとカメの話はどうだろう？　親愛なる読者の皆さま、私はカメだ。十分な時間をかけさえすれば、どんな競争でも実質的に勝つことができるから。それは、別に自分がもっとも優れているとか、賢いとか、足が速いとか言った理由ではない。私が勝てるのは、よい習慣を作り出し、その習慣を応用して、目標を最後までやり抜くことができるからなのである。世の中で威力を発揮してくれるのはこのやり抜く力であると私は確信しているのだ。そしてこの能力が成功を手にする究極の鍵であることを証明する生きた見本が私なのである。しかし、この能力には、願望を達成するためにもがき苦しんでいる人がもっとも陥りやすい落とし穴がひとつ潜んでいる。ほとんどの人は習慣を貫き通す方法を知らないのである。しかし、私は知っていた。その点について、私は父親に感謝している。なぜなら父こそ実質的に、「複利効果」の力に点火してくれた最初のコーチだったからだ。

両親は私が生後18カ月のとき離婚した。父はシングルファーザーとして私を育ててくれたのである。やさしい、子煩悩な人ではなかった。しかし、元大学のフットボールコーチだった彼は、私を鍛えて、成功する人間に仕立て上げてくれたのだ。

私は毎日、朝6時に父に起こされていた。しかし目を覚ますために、肩を優しく叩かれることも、アラーム機能付きラジオの音を聞かせられることもなかった。私はなんと毎朝、寝室の隣にあった家の車庫のコンクリートむき出しの床上で、父が何度も杭を打ち込む音で無理やり起こされていたのである。まるで建設現場から4メートルしか離れていない場所で起こされているようなものだ。父は車庫の壁の上に「苦しみなくして成果なし」という巨大な文字をペンキで描いていた。昔のサーカスの怪力男がやるような筋トレをしながら、この文字をじっと見つめていたのである。父はショーツとぼろぼろのスエットシャツを着てそこで過ごしていた。この訓練は一日も欠かすことはなかった。おそらく父のこの日課で、時間を知ることができただろう。

私には清掃や庭仕事だけでは足りないくらい多くの雑役を与えられていた。学校から戻るといつも、やるべきことが指示されたリストが待ち受けていたのである。雑草を抜いたり、落ち葉をはいたり、車庫を掃除したり、ホコリを払ったり、掃除機をかけたり、皿洗いまでさせられていた——それ以外にもあらゆる仕事が用意されていた。しかも、学校に遅刻するのは厳しく禁じられていた。それがまさしくその当時の状況だったのだ。

父は元祖「言い訳のきかない男」だった。実際に吐いたり、出血したり、きちんとした〝原因を示さなければ〟学校を休んで家にいることは許されなかった。「骨を見せてみろ」という言葉は父のコーチ時代の日々から生まれた言葉である。すなわち、選手がひどい怪我をしていないかぎり、試合を退場させることはなかったのである。クォーターバックが退場したいと言っても、「骨が見えるくらいの怪我でなくちゃダメだ」と父は突っぱねていた。すると、クォーターバックはショルダーパッドを外し、父に鎖骨を見せたものだ。そのひどい怪我の状況を見てやっとフィールドを出ることが許されたのである。

父の哲学を表すのは次のことばだ。「頭がいいかどうかは問題ではない。経験、技術、知識、または生まれつきの才能がないなら、勤勉な態度でその欠如を埋め合わさなくてはならない。ライバルのほうが頭がよくて才能があり、経験豊富だとしても、その3倍か4倍、勤勉に努力すればいいだけの話だ。これでライバルに勝つことができる！」。どんな難問に遭遇し、自分が不利な立場に立っていたとしても、勤勉な態度を失わなければかならず欠陥は埋め合わせることができると父は教えていた。試合でフリースローに失敗した？　それなら1カ月間、毎日1000回フリースローの練習をしよう。左手でのドリブルが苦手？　では右手を後ろに縛って、1日3時間、左手だけでドリブルをする練習をしてみよう。数学の勉強についていけない？　家庭教師を雇って本腰を入れ、夏の間、理解できるまで死に物狂いで勉強を続けよう。言い訳は無用だ。自分に不得手なことがあるなら、もっと懸命に働いたり、もっと賢こく勉強したりすることだ。父はこの哲学を有言実行していた。彼はフットボールのコーチから、一流のセールスマンになり、会社でも幹部になり、最終的には、自分で企業のオーナーにまでのし上がっていった。

しかし私は父からたくさんの教訓を与えてもらったわけではない。父は子どもに初めから自分で考えさせようとしていた。それは自分で責任を取れる人間にするのが重要な狙いだったからである。毎晩、宿題をやるようにとやかく言われることはなかった。結果がどうなるのかは自分の目で確かめなくてはならなかった。そして、結果が出た場合に、褒めてもらえたのである。いい成績が取れたなら、子どもたちは――アイスクリームが大さじ6杯分も入り、あらゆるトッピングのついている――キングスバナナスプリットが食べることのできるアイスクリームパーラー「ブリングス」に連れていってもらえた。私の兄弟は学校で悪い成績を取ったことが何度もあった。だから、このパーラーに行けることはすごい成果だった。だからこの店に行くために、がむしゃらに頑張ったものである。

父のこの規律は私にとっての模範となった。言ってみれば、父は私のアイドルであり、私は父の自慢の息子になりたかった。だから、父に失望されないように努力していたのである。彼の哲学のひとつは「〝ノー〟と言える人間になれ。大勢の人間に従っていては、大きなことはできない。世間一般の人間とは違う、どでかい人間になれ」だった。ドラッグに手を染めずにいられたのもこの教えを貫いたからだった――父は一度も私にくどくど麻薬をやってはいけないと繰り返すことはなかったが、みんなドラッグをやっているのを見て、私はそんな風潮になびくような人間にはなるまいと肝に銘じたのである。みんながやっているから自分もやるなんて真似はまっぴらごめんだった。私は父を落胆させたくなかったのだ。

父のおかげで、私は12歳にしてもっとも有能なCEOになれるだけの計画を練り上げていた。不平を述べたり、愚痴を言ったりすることもときにはあったが(まだ子どもだったのだ!)、そんな場合でも、自分の抱く哲学のおかげでクラスメートより自分が優位な立場に立っていることに気づいて、ほくそ笑んでいたものである。父は私に懸命に努力したり、責任感を持てる人間にしたりするのに必要な規律と考え方を人より一歩先んじて身に付けられるようにしてくれた。私は自分が目指した目標はかならず達成してきた（「サクセス」誌のスローガンを思い付きで「成功者の読みもの」にしているわけではないのである）。

今では、素晴らしい成功者になるための訓練にあまりにものめり込んでいた昔のことについていつも父と冗談を言っている。18歳のとき、私は仕事で6けた（10万ドル超）の収入を手に入れた。20歳までに高級住宅街に家を所有し、24歳には年収は100万ドルを超えていた。5000万ドル以上を稼ぎ出す会社を育て上げたし、40歳にもならないうちに残りの生涯、家族を十分に養っていけるだけのお金と資産があった。私は叩き上げの億万長者だ。

父は「子どもを失敗させる方法はたくさんあるけど、少なくとも、私のやり方はそれほど誤ってはいなかったということだな！　おまえはすごく成功しているようだからね」と言っている。（たくさんのビジネス書を見たり、私の自己啓発のCDを聞いたりせずに）なにもしないで、その瞬間に意識を集中させたり、浜辺のビーチチェアで気を静めたりする〝練習〟の必要があることは認める。しかし、ここまで私の父やわが師から学んだ成功の技術に、私は感謝している。

本書で、私の成功の背後にある〝秘密〟を明らかにした。私が複利効果を心の底から信頼しているのは、自分が成功したし、父がつねにそのお墨付きを与えてくれているからである。ほかのどんな手段を使っても。複利効果ほど絶大な影響を及ぼすことはできないだろう。

しかし、あなたがほとんどの人とあまり変わらない人間だとするなら、複利効果をまともに信じているとは言えない。この事実をしっかり証明してくれる理由はたくさんある。あなたは実行しなくてはいけないことを指示してくれるコーチもいなければ、自分の模範となる人もいない。複利効果から報酬を受け取ったこともないのである。人々は社会から嘘を吹き込まれているせいだ。わたしたちは商業的マーケットに催眠術をかけられている。そのため、ありもしない問題を自分が持っていると思い込んで、そのありもしない問題を〝直す〟ためにその即席の解決策を売りつけられている。私たちは映画や小説のなかにあるおとぎ話の結末があると信じるよう社会に仕向けられているのだ。そのため、昔ながらの勤勉で、一貫した仕事に対する敬意を見失っているのである。

このような障害をひとつひとつ検証していくことにしよう。

あなたは複利効果の報酬を手にしたことがなかった

複利効果とは、賢明なちょっとした一連の選択から莫大な報酬を獲得するための原理である。私にとってこの方法でもっとも興味深い点は、その成果が絶大であっても、実行している瞬間には、この手段が重要とは感じられないことにある。その点については健康、人間関係、金銭をはじめ、この戦略を状況を改善するのに利用するどの領域であっても同じで、変化はほとんど気づかれないほど微妙なのである。このような小さな変化が、すぐに成果を出すことはほとんど、またはまったくありえない。大きな勝利も生まれることはなく、はっきりと約束できるほどの報酬もすぐに現われることはない。では、やっても無駄ということなのだろうか？

ほとんどの人は複利効果の単純さに惑わされる。例えば、ランニングを８日間続けても、相変わらず太ったままなので、走るのをやめてしまう。ピアノで入門曲「猫ふんじゃった」以外の曲が習得できないので半年後にやめてしまう。または、続けてもお金が増えるようには見えないので、積み立てて数カ月後には、IRA（個人退職勘定）の保険料を解約したりしてしまう。

このように途中でやめてしまう人が気づいていないことがある。それは時間をかけて、完成に近づこうとする、一見、取るに足らないように見える小さな一歩が、根本的に大きなプラスを創り出してくれるということである。その詳しい例を、少し、挙げておくことにしよう。

ちょっとした賢い選択＋一貫性＋時間＝根本的違い

魔法の硬貨

今すぐに現金で300万ドルもらうか、それとも最初はわずか1ペニーだが、翌日に2ペニーといった具合に、1カ月間、毎日、価値を倍にして支払うようにするか？ このいずれかを選択するように言われたとするなら、あなたはいったいどちらを選ぶだろう？ 以前、この選択について耳にしたことがあるのなら、最初に1ペニーから始める選択が正しいことには気づいているだろう——この選択がより大きな富を手に入れる方法だと知っているからだ。しかし、結局のところ、最初に1ペニーを選ぶ方がより大きな報酬になることをなかなか信じてもらえないのではないだろうか？

その理由はまとまった報酬が目に見えるようになるには非常に長い時間がかかるからである。さらに詳しく調べていこう。

あなたが最初にどんどんと多額の現金を受け取り、友人が1ペニーのほうを選んだとしよう。5日目であなたの友人には16ペニーの金額が貯まるが、あなたは300万ドルをすでに受け取っている。10日後には友人の5ドル12セントに対し、あなたは300万ドルの大金の所有者だ。友人は自らの決断についてどのように感じているだろう？　あなたのほうは数百万ドルのお金を使うことができるので、浮き浮きした気持ちで、自分の選択にひどくご満悦の状態だ。

まる20日経った、残り僅か11日の段階で、最初の1ペニーの選択ではわずか5243ドルの成果しか挙げられない。この時点で、友人はどう感じているだろうか？　犠牲的精神と前向きな行動を実施しているにもかかわらず、手に入ったのはまだ5000ドルにすぎない。一方、あなたの懐には300万ドルが入っている。しかし次に、気づかれずにいた複利効果の魔法が、目に見える姿で現われてくる。金額の増加はわずかずつに見えても、毎日その努力が積み重なっていくと、複利計算によって、31日目には1073万7418・24ドルの値に膨らんでいくのである。これは300万ドルの3倍以上の額だ。

この例のなかで、私たちは時間を経ても努力を貫いていくことが、非常に重要である理由が分かる。29日目にもあなたは変わらず300万ドルを手に入れている。一方、1ペニーで始める戦略で獲得されるのは、200万7000ドルだ。そして300万ドルを追いこすのは31日間の競争の30日目で、金額は500万30ドルにまで上がっていく。この1カ月に渡るウルトラマラソンのまさに最終ゴールである最後の日、友人はあなたに大差をつけることになるのだ。つまり、３００万ドルに対し、１０７３万７４１８・24ドルの金銭を手にすることになるのである。

ペニーを複利計算することで生まれる〝魔法〟ほど、度肝を抜かれる出来事はそうそうあるものではない。驚くことに、この〝力〟は、あなたの人生のあらゆる領域で同じような効力を発揮してくれることである。

次にもうひとつその例を出しておこう。

3人の友人

全員が一緒に育ってきた3人の仲間を例に挙げてみよう。彼らはみんな同じ近所に住んでいて、非常に似た感受性の持ち主である。どちらも年収は約5万ドル。全員結婚していて、健康状態も、体重も平均的だが、〝結婚太り〟することを不安に思っている。

〝友人1〟をラリーと呼ぶことにしよう。彼はいつも物事をこつこつ成し遂げようとしていた。彼は幸せだし、実際、自分でもそう考えていたが、生活が以前とほとんど変わっていないことに不平を漏らすこともあった。

〝友人2〟のスコットは、一見取るに足りないちょっとした前向きな変化を起こし始めた。毎日、良書を10ページ読んだり、職場に行く途中、学習や自己啓発に関する話に30分耳を傾けるようにしていたのだ。スコットは自分の人生を変えたかったのである。しかしそのために大げさなことはしたくなかった。そこで目をつけたのが、最近、「サクセス」誌に掲載されたメフメット・オズ教授のインタビューだった。その記事を読み、そのなかに紹介されていた自分の人生のなかで実行するためのひとつのアイデアを選んだ。毎日、食事から125キロカロリー減らすことだ。それはさほどたいへんなことではない。おそらくシリアルを1カップ分減らして、ソーダ1缶を炭酸水1本に変え、サンドイッチに塗るマヨネーズをカラシに変える程度でできる。これは実行可能な行動である。これに加え、1日2000歩（1・6キロ足らず）余分に歩くようにした。これは勇気と努力が必要な素晴らしい行為とまでは言えない、誰にもできることだ。しかしスコットはこの選択を守り続けることにした。たとえ簡単なことであっても、やめてしまう誘惑にあっさり陥る恐れがあることは分かっていたのである。

〝友人3〟のブラッドは、多少お粗末な選択をした。最近、彼は大好きなテレビ番組をもっと見られるようにするため、新しい大画面のテレビを購入したのだ。彼は「ザ・フード・チャンネル」で見たレシピ――チーズカスロールとデザートが彼のお気に入りだ――をきちんと試してみた。そしてなんと、居間にバーカウンターを取り付けて、週1回この食事にアルコール飲料も付け加えることにしたのである。別にそうしたところでおかしなことなどまったくない。ブラッドは今までより少し楽しい時間が過ごしたかっただけなのだから。

5カ月後、ラリー、スコット、ブラッドのなかには気づけるほどの違いはまったくなかった。スコットは毎晩、読書を続け、通勤の間、オーディオ教材に耳を傾けていた。ブラッドは人生を〝楽しみ〟、身体を動かす機会は減らしていった。ラリーはずっと以前と変わらずじまいであった。それぞれが自分なりの行動パターンを持っていたが、5カ月経った時点では、前進も後退もどちらも目に見られるほどの時間はまるでなかったのだ。実際に、3人の体重を図表化してみたとしても、端数を処理すればゼロになるくらいの違いにすぎなかっただろう。だから、見た目はまったく前と同じだった。

10カ月が過ぎても、3人のどこにも気づけるような変化は見当たらなかった。この3人の外見のほんのわずかな変化に気づくのは、やっと18カ月後のことだった。

しかし約25カ月経ったときには、実際に測定可能な、目に見える違いが出てくるようになった。27カ月経つと、違いはさらに大きくなり、見てはっきりと分かるようになった。そして31カ月で、変化は衝撃的な事態にまで展開していたのである。そのとき、ブラッドは太っていたが、スコットはほっそりしていたのだ。1日125キロカロリー減らすだけで、31カ月後にスコットはなんと約15キロの減量に成功したのだ！

31カ月＝940日
940日×125キロカロリー／日＝11万7500キロカロリー
11万7500キロカロリー ÷ 3500キロカロリー／1ポンド ＝ 33・5ポンド（約15キロ）！

ブラッドは同じ時間枠で以前より1日125キロカロリー以上摂取したせいで、逆に15キロも太ってしまった。今、彼はスコットより30キロも体重が増えている。しかし体重よりも重要な違いがほかにあった。スコットは約1000時間も良書を読んだり、自己啓発のオーディオに耳を傾けていた。こうして新たに手に入れた知識を活用することで、会社での地位も、給料も上げていったのである。とりわけ、妻との関係は以前にも増して良好になっていった。一方、ブラッドはどうだろう？　なんと仕事ではうまくいかず、夫婦関係も破たん寸前になっていたのだ。では、ラリーはどうだろう？　現在、仕事や夫婦生活に多少苦労していることを除けば、2年半前とほぼ似たり寄ったりの状態でいる。

複利効果の絶大な力の正体は実に単純なことだ。しかし、複利効果を利用する人と、しない人を比較した場合、ほとんど思いも及ばぬほど大きな違いが生まれるだろう。それは奇跡のように見える。まるで魔法や大きな進展が突然現れてきたように思えるからだ。31カ月（または31年）後、複利効果の長所を活用できる人物は、〝一夜にして成功〟した人のように見えているだろう。しかしその人物の素晴らしい成功は、現実には、時を経ても怠けず一貫して努力して成し遂げられたものだ。ちょっとした、賢い選択を下した成果を実らせたのである。

波及効果

上記で示した例の結果が、劇的に見えることは分かっている。しかしそこにははるかに深い影響が及ぼされているのだ。実は、ひとつの小さな変化でも、予期せぬ意外な波及効果を引き起こす、重大な影響を及ぼすのである。ブラッドの悪い習慣――油っこい食べ物を頻繁に食べる――を顕微鏡下で詳細に調べてみることで、複利効果がプラスばかりでなく、マイナス面においても強力に作用し、人生全般にひどい悪影響を及ぼす波及効果を生み出すことを、もっとしっかり理解してもらうことにしよう。

ブラッドは、料理番組を見て学んだレシピでマフィンを作った。彼はマフィンが自慢で、家族にも大好評だったので、この料理があらゆる面でいい影響を及ぼすものと思っていたのだ。そう考えて、マフィン（そしてほかのお菓子）をよく作るようになった。料理が大好きで、食事の取り分もほかの人より多めに――しかし誰も気づかれない程度に――食べていた。しかし、こうして多めに食べていたことで、夜は、身体を動かさないようになった。朝、目を覚ましたときには足元が少しふらつくようになったため、ブラッドは怒りっぽくなった。このように気が短くなったことと睡眠不足のせいで、仕事の業績にも影響が及ぶようになってしまった。生産性は低下し、その結果、上司をがっかりさせることになった。一日の終わりには、仕事に満足できず、元気もかなり失っていた。会社から家に戻るときには、今まで以上に長く時間がかかるように感じ、ストレスも増えているように思えた。このようなあらゆる状況が、食べることで気分をよくしたいという気持ちを駆り立ててしまった――食事がストレスを発散させる手段になったのである。

全般的に元気が失われると、ブラッドはかつてのように妻と一緒に散歩することもなくなっていった。散歩する気がなくなったのである。妻は一緒に過ごす時間が作ってもらえず寂しいと感じ、散歩をしないのは自分に至らぬ点があるせいだと考えていた。妻と一緒に行動することが少なくなり、新鮮な空気を吸ったり、運動したりしなくなっていくと、ブラッドを快活で、意欲的にしてくれていたエンドルフィンが体内に放出されなくなっていった。幸せな気分でいられなくなると、自分自身や他人のあら捜しをするようになった。妻は彼から褒められることもなくなった。体にしまりがなくなっているのを感じ始めると、ブラッドは自信を失っていき、自分自身に魅力が感じられなくなり、人を愛する気持ちもなくしてしまったのである。

ブラッドは、元気を失い、妻への愛情も失ってしまった。そのせいで、妻にどのような影響が及んでいるのか気づかなかったのである。彼は自分が怯えていると感じ、不満を口にし、愛情も求めるようになった。深夜テレビにのめりこんだのは、それが手っ取り早く気を紛らせてくれる手段だったからである。ブラッドとの間の隙間が広がっていることに感じた妻は、不満を口にし、愛情も求めるようになった。この気持ちが拒否されると、今度は自分の心を守るために、彼から身を引くことになってしまったのである。彼女は孤独だった。その寂しさを紛らわせるために、仕事に情熱を注ぎこんだり、仲間づきあいを密にするようになっていった。さらには男性とも付き合うようになった。自分が女性として魅力的存在であることを再確認したかったのである。それで裏切って浮気をすることはけっしてなかったが、それでもブラッドはなにか妻の様子がおかしいことには勘付いていた。しかし、〝自分が〝下したお粗末な選択と行動に問題の原因があることは理解できず、代わりに妻のあら捜しをしていたのである。

内面を探って、自分の混乱した状況を一掃するのに必要な行動はとらず、問題は自分以外の人間にあると思い込んでしまうのが、「基本的心理学101」といった類の基礎知識を学ぶ本の題材だ。ブラッドの場合、内面を覗いてみる方法が見つからずにいた――「トップ・シェフ（一流シェフ）」など料理番組やお気に入りの犯罪番組を眺めていても、自己啓発や人付き合いのアドバイスにはなりはしない。しかし、友人のスコットが読んでいる自己啓発書に目を通していたなら、自分の悪い習慣を変えるための方法を学べるかもしれないと、ふと思い浮かぶこともあったかもしれない。あいにく、ブラッドにとって、日ごろ、自分が下している小さな選択が、さざ波のように人生のあらゆる領域に波紋を広げ、大きな損害を生み出していたのである。

もちろん、カロリー計算や知的な刺激はすべて、スコットにはそれとは逆のいい効果を及ぼしてくれるようになり、今ではそのプラス成果の恩恵に預かっている（もうひとりのジム・ローンの弟子である）ジェフ・オルソンは、『スライトエッジ』（きこ書房）で彼のやり方を、「簡単なルーティンを繰り返すことで、単純な判断間違いを矯正する」と説明している。これは難しくはないことだ。十分な時間と一貫性を持って利用すれば、結果は目に見えてくるようになる。さらにいいのは、結果の予測もかなりつくようになることである。

複利効果は、予測することが可能で、測定することもできる――これは素晴らしい情報ではないか！　人生を根本的に改善するのに必要なことは、時を経ても、一貫して、小さな一歩を踏み続け

図1　複利効果の優れた点は、単純さにある。図表の左側には、結果が具体的ではないという点ではなく、その後、いかに大きく変わっていくかという点に留意してもらいたい。やっている行動はつねにまったく変わらなくても、複利効果の持つ魔法は、結局、結果に大きな違いを与えることとなる。

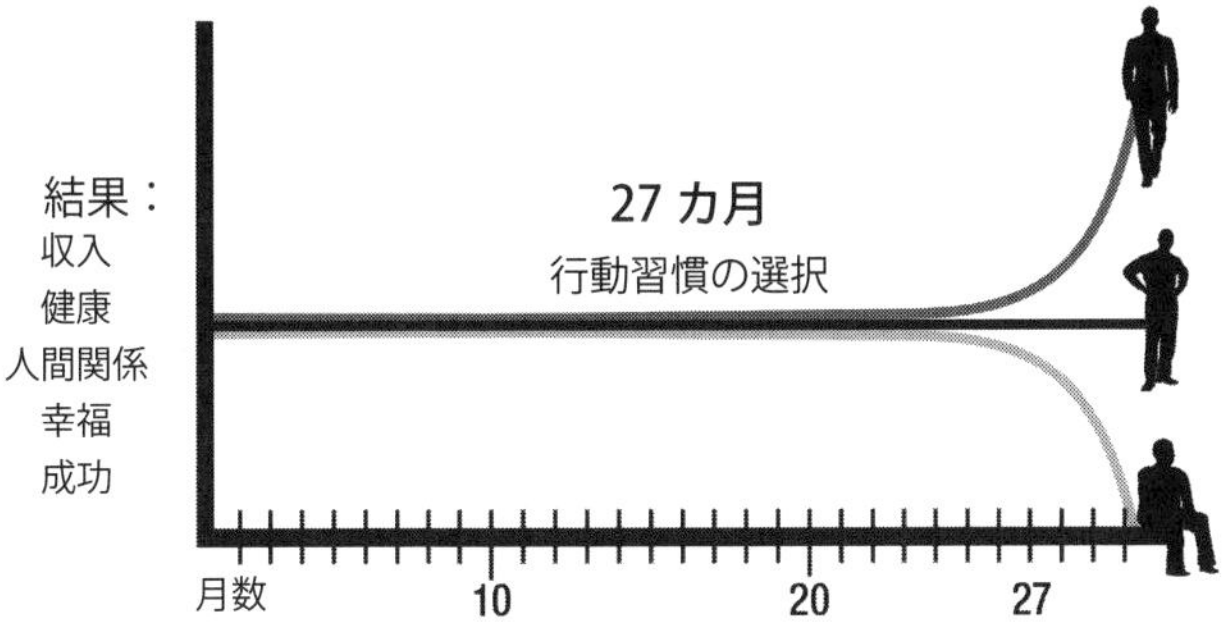

ることであるのを理解できれば、きっとあなたの励みになるだろう。勇気や英雄的な力を周囲の人間に分かるように見せるために、奮闘しようとすることに比べれば、このような小さな一歩の積み重ねは簡単にできることではないだろうか？　へたに力んでは、結局、疲れ切ってしまう。後でまた挑戦しようとすれば、すべてのエネルギーを再結集しなくてはならなくなるのだ（これではおそらくうまくいかないだろう）。私はそんなことを考えるだけでへとへとに疲れてしまう。しかし人間は得てしてこんなへまをやっているのだ。社会は私たちに努力をおおげさにひけらかすことが有効なことだと思い込ませるようにしている。それがアメリカ社会を象徴する現象になっている！　図1を参照してもらいたい。

成功と昔の価値観

複利効果で最も骨が折れるのは、報酬が見えてくるまでしばらくの間は、かならず一貫して、効率的に努力を続けなくてはならないことである。私たちの祖父たちは、夜、テレビにくぎ付けになって、1カ月で太ももを細くする方法とか半年で不動産王国を手に入れる方法を、見ることはなかった。青春時代に学び、生涯にわたって何度も繰り返すことになる技術を利用して、日の出から日没まで、週6日働いていた。彼らにとって、富を手に入れる秘訣は、勤勉、規律、よき習慣であることに気づいていたのである。

興味深いことに、富は隔世遺伝する傾向がある。豊かさに慣れると人間は怠惰になりがちで、体を動かさない生活を送るようになってしまう。お金持ちの子どもはとくにこのような状況に陥りやすい。彼らはすでに豊かな環境にいるのだから、富を創り出すために訓練に励み、人格を高めることはないし、それが必要であることを理解できなくても仕方がない。私たちは王室、映画スター、企業の幹部の子どもたちに、――そしてそれほど有名でも、金持ちでなくてもすべての子どもや大人のなかにもある程度――このような気質を見かけることが多い。

国民として、私たちすべての人間は、勤労意欲の価値に対する敬意を失しているように見える。アメリカでは、3世代とまではいかなくても、2世代の国民は素晴らしい繁栄、富、安楽を享受してきた。そのせいで、末永い成功を創り上げるために実際に必要な――根気、勤勉、不屈の精神といった――ものに対する期待は、もはや人々に魅力的には映らなくなり、このような価値観はほとんど忘れ去られてしまっている。苦しみに耐えて頑張り抜いた祖先の精神に対する敬意は失われているのだ。しかし祖先が築き上げてくれた途方もない努力が、かつては人々に規律を徐々に教え込み、人格を形成し、勇気を奮い起こして、新しい境界に挑む気持ちを駆り立てたのである。

実際、自己満足に陥る悪弊は、エジプト人、ギリシア人、ローマ人、スペイン人、ポルトガル人、フランス人、イギリス人などかつて偉大な帝国を築き上げたあらゆる国民に蔓延してきた。その理由は、成功ほど失敗を呼ぶものはないからである。かつて支配していた帝国は、まさしく成功したことが失敗につながったのである。ある程度の成功を達成すると、人間は満足感に浸ってしまうものなのだ。

長い間、繁栄、健康、富を味わうと、人間は自己満足に陥る。そうすると、私たちは繁栄するためにやってきた努力をやめてしまうのだ。ぬるま湯にのんびり浸っているカエルのように、自由に向かって外に飛び出せない状態にいるのである。あまりにゆっくり熱くなっていくのでお湯の温度が上がるのに気づかず、茹でられて、料理されてしまうことに気づけないのだ！

成功したいのなら、私たちの祖先の職業倫理を取り戻さなくてはいけない。

アメリカのためではないなら、せめても自分自身のより大きな成功と願望成就のために祖先の性格を取り戻す時なのだ。ランプのなかに願いを叶えてくれる魔人がいると思いこんだりしてはいけない。お望みとあれば、カウチに座ってあなたの郵便箱のなかに小切手を引き寄せるのを待っていたり、水晶をこすったり、火の上を歩いたり、2000歳の導師と霊で交流したり、アファメーションを唱えたりして願望の成就を祈ることはできる。しかしこのような行為の多くは弱みにつけこんで、あなたを操作しようとするまじないに類する商業主義にすぎない。本来の、長続きする成功を実現するには仕事をしなくてはいけない――しかも、たっぷりと！

この「成功が失敗を招く」という考えを証明するため、さっそくごく最近あった出来事を取りあげておくことにしよう。新しい素敵なレストランが、サンディエゴの浜辺にある私の家の近くにオープンした。最初、店はいつもシミひとつなく清潔に保たれていて、店の女性店主はどんな人も満面の笑顔で出迎えていた。サービスも申し分なく（経営者がやってきて、それを請け合った）、料理も素晴らしいものだった。すぐに、この店で食事をとるために行列ができるようになり、席に着くのに1時間以上待たされることもしばしばになった。

ところが、レストランの職員はこの成功を当然のことのように受けとめるようになった。女性店主の態度は横柄になり、接客担当の職員はだらしなく、ぶっきらぼうに客に接し、料理の質も落ちた。こうして、レストランは2年半たらずで潰れた。最初、成功のために努力していたことを、店がやめてしまったせいだ。成功のせいで今後の見通しを誤り、だらけた態度が生まれたのである。

即効性への期待を捨てよう

複利効果を理解することで、〝即効性〟への期待、すなわち目標はすぐに実現すべきであるといった信念は取り除かれることになるだろう。成功はファストフード、1時間で仕上げられる眼鏡、30

分写真加工、翌日配達便、レンジで作る茹で卵、瞬間熱湯、ショートメッセージとはわけが違うのだ。そのことはもう十分にお分かりいただけたのではないか？

だから、宝クジに期待するのは、もうやめると誓ってもらいたい。事実を正直に受け止めるべきだ。あなたは100万人の落選者のことは耳にせず、ひとりの当選者の話だけに耳を傾けているからだ。あなたがラスベガスのスロットマシンの前やサンタアニタの競馬場でうれしくて小躍りしている人物が、実は100回はしくじっていたことは暴露されることはない。再び、いい結果が生まれる数学的確率の話に戻すとするなら、それは小数点を省略すればゼロ、つまり、勝つ確率はほぼ〝皆無〟なのである。ハーバード大学教授で、『明日の幸せを科学する』（ハヤカワ・ノンフィクション文庫）の著者である心理学者のダニエル・ギルバートは、宝クジが外れた全員にテレビで30秒ごとに、「私は負けた」と報告してもらうとすれば、撮り終えるには約9年かかるだろう！　と述べている。

複利効果がどのように作用しているのか理解すれば、もう応急措置や特効薬に夢中になってしまうことはなくなるだろう。スポーツで素晴らしい成功を成し遂げるのに、たゆまぬ訓練と数千時間の練習などする必要はないなどと、誤って思い込んだりしないようにしてもらいたい。偉業を達成した選手は早起きして練習している――そしてほかの人が練習を終えた後でもずっと残って練習を続けている。優勝するためには、大きな苦悩、失敗による挫折、孤独、勤勉、失望はつきものだ。

本書を読み終えるまで、または読み終わる前でも、肝に銘じていただきたいことがある。成功するための唯一の方法は、平凡で、刺激もなく、時には困難もともなう日頃の訓練を利用することな

図2　複利効果はつねに人生に影響を及ぼしている。あなたはこの効果を役立てる方法を選ぶことができるし、この効果を無視することも、または惨めな結果を味わうこともできる。あなたがこの図のどこにいるかは重要なことではない。今日から、簡単だが、建設的な変化を創り出す決意をすることにすれば、複利効果で自分が理想とする場所に行くことができる。

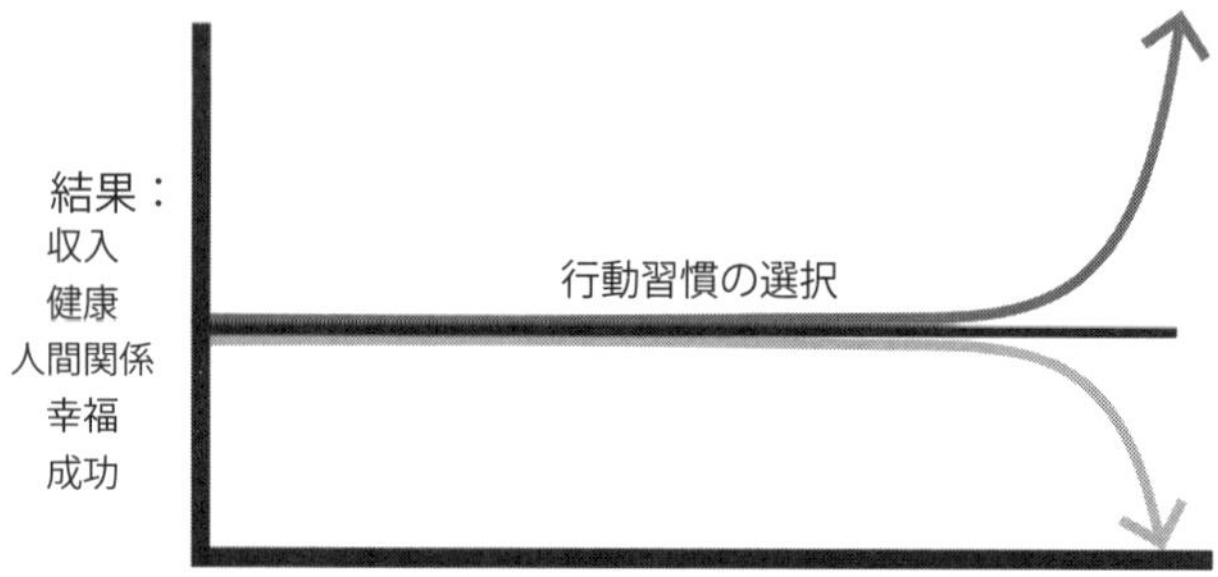

のである。その訓練こそ、時が経つほど、複利効果を生み出してくれるのである。複利効果があなたに働いていくと、成果、人生、夢のライフスタイルを実現できることに気づいてもらいたい。本書で説明した原理を利用すれば、おとぎ話の結末のような驚くような成果が生まれることになるだろう！　図2を参照してほしい。

複利効果はつねに人生に影響を及ぼしている。あなたはこの効果を役立てる方法を選ぶことができるし、この効果を無視して惨めな結果を味わうこともできる。

あなたがこの図のどこにいるかは重要なことではない。今日から、簡単だが、前向きな変化を創り出す決意をすることにすれば、複利効果で自分が理想とする場所に行くことができる。

私は自分の意見を貫いてきただろうか？　次の章で私に加わってもらいたい。そこでは、あなたの人生を支配している一点にテーマを絞っている。栄光か敗北か、勝利か否か、そのすべてがここで始まったのだ。今、自分の人生のなかで何を所有し、何が所有できないのか、その一点が原因になっているのだ。しかし、この状況を変える手段を学びさえすれば、人生を変えることができるのである。それが何かを発見していくことにしよう……。

複利効果を役立てよう

【行動ステップの要約】

↗ あなたがいつも口にしている言い訳を2～3書き出そう（例えば、頭が良くない、経験がない、育ちが悪い、学歴がない、など）。誰にも――かつての自分も含め――負けないようにするために、勤勉さと自己啓発をさらに努める決意をしよう。

↗ スコットのような人物を自らの指針にしよう――自分の人生をまったく新しい、前向きな方向に向けられるように、毎日、実行する、一見取るに足りないように思えるちょっとした手段を3つ書き出そう。

↗ ブラッドのような人間にはならないこと——マイナスの複利計算になる恐れのあることはやめよう。そんな負の結果を招いてしまう、一見取るに足りないちょっとした行動をやはり6つ書き出そう。

↗ 過去もっとも成功してきた分野、技術、結果を2～3リストに挙げよう。その成功を当然のこととして受け止め、改善もせず、自己満足に陥って、将来、失敗してしまう恐れがないか検討してみよう。

第2章　選択

Choices

誰もがこの世界に同じような状態で生まれてくる。はじめはみんな裸で、怯えていて、無知な状態だった。しかし、誕生後、人がたどりつくことになる人生は、まさに自らが下した選択が蓄積された結果なのである。その選択の如何によって、人生は私たちにとって最高の友にも、最悪の敵にもなる。選択は目標を送り届けもしてくれるが、銀河系のはるか遠くの軌道に送り出してしまう恐れもある。

よく考えていただきたい。今のような人生を過ごしているのは、あなたがなんらかの選択を下した結果なのだ。選択があなたの成し遂げた、あらゆる結果を作り出した原因なのである。選択のひとつひとつが、時間を経て、習慣となる行動を形作っていく。悪い選択をしてしまうと、振り出しに戻され、もっと難しい新たな選択を下さなくてはならないことに気づかされることになるかもしれない。それなら、まったく選ばなければどうなるだろう？　実は、選ばないつもりでも、あなたは何が起きてもすべてその状況に身を任せる選択をしているのだ。

本質的に、あなたは自分で自らの選択を下している。そしてその選択があなたという人間を創り出しているのだ。どんなにささいなことでも、すべての選択があなたの人生の軌道を変えていく。それが大学に行くどうか、誰と結婚するか、飲酒運転をするか、うわさ話をするか沈黙を守るか、見込み客を訪問するか今日は仕事を切り上げるか、好きだと告白するかしないか？　このようなすべての選択があなたの人生の複利効果に影響を及ぼすのである。

本章ではあなたの人生の幅を広める後押しをしてくれる選択に気づき、正しい判断を下せるようにする。それは複雑なように見えるかもしれないが、やってみればいかに簡単なのかに気づき、驚くことだろう。選択の99パーセントが無意識で下されるということもなくなるだろう。日常の慣行や伝統のほとんども、もはや無意識に頭に組み込まれているプログラムを自動的に反応するものとはならないだろう。あなたは自分に、「行動の何割が自分では〝賛成〟していなかったことなのか？意識的にやるつもりはないのに、なぜ毎日、こんなことを続けているのか？」と自らに問いかけるようになるはずだ（そしてその問いに答えられるようにもなるだろう）。

人生と仕事を勢いよく前進させてくれる簡単な戦略を利用することで、複利効果は強化され、狂った人生の歯車を改善して、間違った方向にあなたを導いていた謎の圧力を消していくだろう。愚かしいことに足を踏み入れる前に、一時停止ボタンを押せるようになり、いつも自分の支えになってくれる行動や習慣に導いてくれる決断をもっと簡単に下せるようになるだろう。

あなたにとって取り組むべき最大の課題となるのは、意識的に下した誤った選択ではない。このような過ちは簡単に治すことができるからだ。もっとも注意を要するのは、あなたが〝夢遊病者のように〟無意識のうちに下してしまう選択にあるのだ。あなたは時間の半分を、自分が何をやっているのか気づくことさえなく過ごしているのである！

選択は私たちの文化と生い立ちで決定される。日常の行動や習慣はあまりに自分と密着しすぎているため、自分がどうすることもできないと思えるかもしれない。例えば、かつては、自分のやるべきことをやって人生を楽しんでいたのに、はっきりした理由もなしに、突然、愚かな選択を下してしまう。自分の勤勉な態度や勢いを妨害する、一連のちょっとした選択をやってしまうのだ。自分の心とは裏腹に、自分の決断についてしっかり考えもせず、リスクや予測される結果をあまり顧みることもなく、自然とこのような愚かな結果に立たされていることに気づく。誰も太ったり、破産したり、離婚したりする〝意図〟はないのに、（いつもではないが）少なからず、このような不幸な結末が、一連のちょっとした、まずい選択を下した結果、訪れるのである。

象は噛んだりしない

今まで象に噛まれたことがあるだろうか？　蚊はどうか？　あなたを噛むのは人生のなかでは〝小さなもの〟だ。ときどき、大きな間違いをしでかして、仕事や評判を一瞬にして台なしにする可能性を目のあたりにすることもある――いつもの芝居を演じている最中に人種を中傷する台詞を喚く有名な喜劇役者、悪ふざけのつもりで反ユダヤ主義の言葉を口にするかつての人道主義者、トイレで同性を誘惑しているのを目撃された反同性愛主義の上院議員、ひどい罵り言葉で長々と審判を威圧する有名な女子テニスプレーヤー。このような明らかにまずい選択をすると、ひどい悪影響が生じてしまう。しかしこのようなとんでもない大失態を演じたとしても、私たちがここで憂慮しなくてはならないのは、非常に大きな失敗でも、一度の悲劇的瞬間でもない。

ほとんどの人にとって、深刻な懸念となるのは、一見取るに足りないが、重ねてしまった選択なのである。この章で話題にするのは、まったくどうでもないように思える決断のことである。予測通りに、成功の歯車を狂わせるのは小さなことなのである。それがおろかな手段、なんでもない行動、一見前向きにさえ見える選択（とりわけそれが目立たないものなら）など、なんであれ一見重要とは思えない決断が、あなたの調子を完全に狂わせてしまうのは、あなたが意識していないせいなのである。ちょっとした行動なので、あなたは圧倒されたり、ぼーっとしていたりして、自分の進路を外している小さなことに気づけない。そこにも複利効果が実際に働いているのだ。この効果は「つねに」作用していることにあなたは気づいているだろうか？　しかし、複利効果があなたにとって不利な方向に働いてしまうのは、無自覚だからである……あなたは夢遊病者のように振る舞っているのだ。

例えば、あなたはソーダを飲みながらポテトチップスをあっという間に1袋食べてしまう。そして食べ終わって、突然、そのせいで自分の丸1日の健康な食事を台なしにしたことにやっと気がつくことになる――ポテトチップスはお腹が空いていたから食べたのではないのに。重要なクライアントを見つけるために、大事なプレゼンテーションの用意をしなくてはいけないのに、気づかぬうちに2時間ぼーっとテレビを見てしまう――まあ、あなたを多少信頼して、それがためになるドキュメンタリー番組だったとしておこう。真実を言えばよかったものを、きちんとした理由もなく、愛する人に思わず嘘をついてしまう。このような行動の結果は、いったいどうなるだろう？

あなたは深く考えもせずに選択を下している。このように無意識に選択を下しているかぎり、非効率な行動を生産的な習慣に選択し直すことなどできるわけがない。しかし今こそ〝目を覚まし〟、意識的に選択すべきときなのである。

毎日が感謝祭

他人を非難するのは簡単なことではないか？「ダメな上司のせいで出世できない」「あの裏切り者の同僚がいなければ、昇進できたのに」「子どものせいでむかむかして、いつも気分が悪い」といった具合に。とりわけ恋愛が絡むと、責任追及に終始することになる――ご存じの通り、だから〝ほかの〟人に介入してもらって、状況を変える必要がでてくる。

数年前、私の友人が妻の不満を述べていた。私から見れば、彼女は素晴らしい女性で、こんな女性といられるのは幸せなことなのだ。私は友人にこのような自分の考えくらいしか話せなかった。しかし彼はあくまで妻が自分の不幸の原因だと言い張るのである。だから、私が自分の妻との関係を変えた経験を伝えることにした。感謝祭の日、私は妻のために感謝祭日誌をずっとつける決意をした。1年中、1日も欠かさず、妻に対して感謝することを少なくともひとつ記録しておいた――彼女の友人との付き合い方、犬の世話の仕方、用意してくれた新しいベッド、手作りしてくれたおいしい食事、その日、整えた美しい髪型など、感謝できることならどんなことでも書き込んだのである。こうして、妻が私にやってくれて感動したことを探した。彼女の品性、立ち居振る舞い、長所など私が感謝する点をはっきりさせておいたのだ。私は1年間、ひそかにこの日記を書き留めていた。その年の終わりまでには、日記のページはすべて埋まった。

翌年の感謝祭が訪れた日、この日記を贈ったとき、妻は今まで受け取ったなかで（誕生日に彼女に贈ったBMWより！）最高の贈り物だと私に告げ、感激して泣き出した。意外なことに、この贈り物でもっとも影響を受けた人間は私だった。この日記を書く気持ちになれたのは、ほかならぬ妻の優れた面をしっかり意識することだった。私は意識的に妻がしている〝正しいこと〟をすべて探していたのである。心にこのような焦点を定めておいたおかげで、妻に不満を言わずにいられたのである。私は再び妻に深い愛情を抱けるようになった（彼女の目立つ特徴ではなく、性質や行動のなかのさりげない部分を眺めることで、おそらく今までよりはるかに愛しい存在になれたのだ）。私の妻に対する評価、感謝、最高の部分を探し出そうとする意志は、毎日、自分の心や目のなかに留めておく大切なものだった。このような作業を行うことで、夫婦生活が以前とは違って見えてきたのである。もちろんそのために、妻も自分に対する態度を変えてくれた。私の感謝祭日記には書くことが一気に増えていった。妻を感謝する理由をすべて記録するのに毎日、5分間時間を使った結果、夫婦にとって最高の1年を味わえたのである。この感情はますます高まる一方である。

私の経験を伝えた後、友人も妻に対して感謝祭日記をつけることにした。最初の数カ月足らずで、彼らの夫婦生活はすっかり好転していった。妻の持つ優れた特徴を探し、そこに焦点を当てる努力をすることで、妻に対する見方も、付き合い方も変わっていった。その結果、妻のほうも夫への接し方を変えていったのである。このような好循環はずっと続いている。言うなれば、ふたりの生活が〝複利的に〟循環するようになったのである。

@ あなたにより豊かな物の見方をしてもらいたい。巻末の「感謝の査定」シートを利用するか、www.TheCompoundEffect.com/free からダウンロードしてほしい。

自分に全責任を持つ

私たちは全員、叩き上げの人間だ。しかしこの事実を認めてくれるのは成功する人に限られている。セミナーで自己責任についての考えを紹介してもらったのは私が18歳のときだった。そして自分の人生をすっかり変えてくれたのがこの考えだったのである。本書の残りの部分は読まなくても、2年から3年、このひとつの考えだけでもしっかり実行してくれるなら、あなたの人生も変わっていくはずである。あなたは大きな変貌を遂げ、友人や家族は〝かつての古いあなた〟のことをなかなか思い出せなくなるだろう。

18歳のとき参加したセミナーで、講演者から「人間関係を円滑にするのに、あなたは何パーセントの責任を分担すべきか?」という質問を受けた。私は10代だったが、ほんとうの愛し方はきちんとわきまえていて、もちろん、完璧に理解しているつもりでいた。

だから「フィフティ・フィフティです」と思わず口を滑らせたのである。どちらの人間も平等に責任を分担すべきだ。それは当たり前のことだった。そうでなければ、一方がだまされることになってしまう。

「51／49」と叫ぶ人もいた。ほかの人より余計に責任を担えという主張だ。人間関係は自己犠牲と寛容をもとに築かれてはいるのではないか? 最後のひとりは「80／20」と叫んだ。

すると指導者はイーゼルに向かって、大きな黒い文字で紙の上に「100／0」と書いた。そして、次のように言ったのだ。「見返りに何かを求めたりすることなど一切せずに、進んで100パーセント人に与えなくてはいけない。人間関係を円滑にするには、進んで100パーセント自分に責任を取ってこそ進歩していける。そうせずに、人間関係を偶然に任せていたなら、つねに失望しやすい状況が訪れてくることになるだろう」

これはまったく私が予想だにしない言葉だった! しかしこの考えが自分の人生のあらゆる領域を大きく変えてくれることにすぐに気がついた。私が〝いつも〟経験したすべてのことに責任を負うことにしたなら(自分の選択、そしてそのことに対するあらゆる反応の仕方がすべて自分に原因があるなら)、そのような状況のすべてを自分が操ることができるということになる。すべてが自分ひとりの選択にかかっている。自分がやったこともやらなかったことも、すべての責任は自分にあるのだ。自分の行動にどのような反応を受けるかも、やはりすべて自分に責任があるのである。

きっと自分の人生に責任を負っているとあなたは考えているはずである。「もちろん、人生の責任は自分にある」と言わない人に会ったことはない。しかし、ほとんどの人間が世の中でどのような振る舞い方をしているのか、あなたは見ている。問題を解決するためには、責任追及、犠牲、非難、他人や政府に対する期待などたくさんの方法がある。遅刻をしたのを交通渋滞のせいにしたり、子ども、配偶者、同僚のせいで気分が悪いのだと決めてしまうのだ。しかしこのようにしていては、自分に100パーセント責任を負っていることにはならない。あなたが遅刻したのは、プリンターがビジー状態で正常に作業できなかったせいだろうか？　でも適当なところで見切りをつけて、仕事に出掛けるべきではなかったのではないだろうか？　同僚がプレゼンテーションをしくじった場合はどうだろう？　事前に二重チェックをしておくべきだったのではないか？　言うことを聞いてくれない10代の子どものせいで、うまくいかないと言いたいのだろうか？　しかし子どもとの接し方を教えてくれる素晴らしい本や教室は無数にあるはずだ。

やるかやらないかの責任は自分にある。やったことへの人の反応も、自分に責任がある。このような心構えをしっかりと抱くことが、私の人生に革命を起こしてくれたのである。運、環境、適切な状況などは重要な要件ではない。大事なのは自分に責任を持つことである。大統領に誰が選ばれようが、経済がうまくいかなかろうが、誰になんと言われようと、またはなにもしてくれなかろうと、相変わらず責任は100パーセント〝私〟にあるのだ。過去、現在そして未来に対しても、被害者意識を完全に断ち切ることで、私は成功を収めてきた。自分の運命を自分で自由に操ることができる無限のパワーをこの手につかみとったからである。

幸運を手に入れる

あなたはたぶんうまくいかないのはたんに自分にはつきがないからだと信じている。しかし実際にはこれも言い訳にすぎないのだ。驚くほど成功し幸運で、健康にも恵まれた状況でいるのか、破産して気が滅入り、不健康な状態にいるかの違いは、生涯を通じてあなたが下した選択に原因がある。それが人生の違いを説明する理由にほかならない。生きていられて、しかもずっと健康に支障なく、棚に多少でも食べ物が残されているとするなら、あなたはこの上なく幸運に恵まれている。誰もが〝幸運になる〟機会を持っているのだ。健康と食物という基本以上のものを手に入れる幸運を手に入れるのは、一連の選択しだいということにほかならない。

成功には運も関係しているのかと尋ねたとき、起業家のリチャード・ブランソンは次のように答えてくれた。「ええ、もちろん。人間は全員運がいいのです。あなたが自由な社会に暮らしているなら、幸運だということです。毎日、私たちは幸運に恵まれている。気づくかどうかは別にして、人間にはいつだっていいことが起こっている。僕がほかの人より幸運だったり、不幸だったりしたことはなかった。ただ違いが現れるのは、私に運が向いたとき、それを巧みに利用したからなんだ」

まるで、知恵の免許皆伝を授けられた人が語ってくれた言葉のようだ。ブランソンとこの話題で話している間、私はこの言葉が、日ごろよく耳にする「幸運とは準備と機会が出合ってはじめて起こるものである」という古い格言よりさらに深い意味が含まれていると確信した。私は〝幸運〟には、この古い格言にはないふたつの決定的な要素が存在すると思っている。

運に恵まれるための（完全な）公式

準備（個人の成長）＋
態度（信念／考え方）＋
機会（現れてきた好機）＋
行動（そのために何かをすること）＝
運

準備：一貫して、技術、知識、専門知識、人間関係、才能を改善し、態勢を整えておくことで、（運が〝向いてきた〟とき）訪れてくれる素晴らしい好機を巧みに利用することも可能になる。そうしておくと、「サクセス」誌の２００９年２月号でインタビューしたアーノルド・パーマーの言葉のように、あなたに「不思議なことが起こってくる。練習すればするほど、運が向いてくる」かもしれない。

態度：ほとんどの人が運を遠ざけてしまっている。しかし、ナイトの称号を授かったサー・リチャード（ブランソン）は、運は自分の周りのいたるところに存在するという信念を固く抱いた。その決め手となるのがこの態度なのである。状況、会話、環境が偶然に生まれてくるものと思い込んでいるのがまさにいけないのだ。幸運は探そうとしなければ見つけることはできないし、ましてや自分が信じていないものを探すことなどできない。

機会：運は自分で作り出すことができる。しかしここで話題にしている幸運とは、計画してつくられるものではない。実現は予想より早い場合も、違った手段で訪れてくる場合もある。運を身に付ける公式のこの段階では、運は強引に奪い取るのではなく、自然に生まれてくる出来事なのだ。それは一見、ひとりでに現れてくるように思える場合も少なくない。

行動：この段階であなたの出番が訪れる。しかし、幸運があなたに――宇宙、神、レプラコーン（アイルランドの伝説の妖精）などあなたの幸運を運ぶことに関連するすべての人やものが――送られてきたとしても、その運に基づいて行動するのはあなたの仕事なのだ。それがリチャード・ブランソンとジョセフ・ウィリントンズとの違いなのである。ところでいったいジョセフとは何者なのだろう？　あなたは一度もそんな人物の名を耳にしたことはないと言うことだろう。その通りである。なぜなら、この人物は訪れたあらゆる幸運を使って活動することができなかったから、誰にも知られてはいないからだ。

あなたに配られたカード、自分が喫した大きな敗北など環境についてもう愚痴をこぼすのはやめよう。無数の人があなたより不利な立場に立ったり、より多くの障害を持っていたりしている。それでも彼らは裕福で、充実した人生を送っているのだ。すべての人間に幸運は平等に訪れている。幸運の女神はすべての人を輝かせているのだ。しかし傘を頭上にさしたりせず、顔を空に向けておかなくてはならない。要するに、運がいいか悪いかはすべてあなた次第で決まるのである。けっしてその逆はありえない。

高い授業料

約10年前のこと、私は新規事業のパートナーにならないかと誘われていた。それでかなりの金額をこの新しい新規事業に投資した。私のパートナーが経営を誤って、全財産を浪費しているのに気づくまで、約2年間もこの事業に真剣に取り組んでいたのである。私は33万ドル以上の資金を失ったが、相手を訴えようとはしなかった。実際、個人的状況のため、私は後でもっと多くの金を貸してやってさえいたのである。要するに、損害を被ったのは私の責任なのである。事業相手の生い立ちや個人的性格についてきちんと評価せずに、パートナーになるのを同意してしまったのだから。ビジネスに自分の時間を費やしている間に、予測される状況を詳しく調べてもいなかった。彼を信頼するという名目で、このような手間を省いてしまったのである。実を言えば、金銭面をもっと入念に見ずに、自分が怠けていたという負い目もあった。このような人間関係のなかでビジネスを始めるという選択を下したばかりか、ビジネス状況の赤旗や警戒信号を見落とすことになる多くの選択を下してしまったことは明白だった。結局、仕事に全責任を果たそうという意欲に欠けていたため、責任を負わされるはめになったのである。相手の不正な行為に気づいたときは、その不正と戦うよりも、これ以上、無駄な時間を失わないことを選択した。こうして、私は敗北から立ち直る努力をし、ここから教訓を学び、自分を成長させていけたのである。結果的に、現在、健全な決断を下し、前進していける道を選ぶようにしている。

今、あなたにも私と同じ姿勢を貫いてもらいたい。あなたに何が起ころうと、――それがよくても悪くても、勝っても負けても――その結果にはすべて自ら責任を負うことだ。責任を持つことである。私の師ジム・ローンはこう言っている。「子どもを卒業して大人になる日とは、あなたが人生に全責任を持つようになる日である」

今日が、その卒業の日だ！　この日から先は、自分の人生に１００パーセント責任を負う決意をしよう。言い訳はすべて無用だ。あなたが個人的責任を引き受ける限り、自分で選択することで自由になれるという事実を受け入れよう。

今こそ、自分が主導権を握る選択を下すべきときだ。

秘密兵器――小さなノート

かつて私が自己啓発のために利用してきた素晴らしい戦略のひとつをあなたにも練習してもらうことにしよう。この戦略は、自分が下した戦略を一日中、忘れずにいられるようにしてくれる。しかも、行動や活動を自分の習慣に忠実に向けてくれるようにしてくれるだろう。

今すぐ、あなたがもっとも成功を願っている人生の領域を選ぼう。銀行にもっと預金を増やしたいのか？　ウェストをもっと細くしたいのか？　トライアスロン競技に出られるだけの体力が欲しいのか？　それともあなたの配偶者や子どもとの関係を改善したいのか？　今、自分が望んでいる領域で、あなたはどのくらい目標を達成しているか心に思い描いてほしい。次に、自分の理想の状況を想像してみよう。お金持ちになることでも、痩せることでも、幸せになることでも、どんなものでも構わない。変化を起こすための第一歩は意識することである。現状から理想とする状況にたどりつきたいなら、自分が望む目的地からあなたを遠ざけている選択に気づく必要がある。今日、あなたが下すすべての選択をしっかり意識することが、自分を進歩させるためのより賢い選択を下せるようにしてくれるのである。

自分が誤った選択をしているのに気づけるようにするために、自分が改善していきたいと願っている人生の領域に関連して、あなたが行っている〝あらゆる行動を追跡〟してごらんなさい。借金を返済する決意をしたなら、自分のポケットから引き出されているすべてのお金を追跡することである。体重を減らす決意をするなら、自分の口の中に入れたすべての食べ物を追跡する。スポーツ大会参加のために訓練する決意をしたなら、自分が大会に向けて実行するすべての手段を追跡してみよう。あなたが実行するすべてのトレーニングを調べるのである。小さなノートをいつも持ち歩くことにしよう。ポケットか財布にいつも持ち歩ける筆記用具も必要だ。そしてすべてを書き留めておくことである。かならず実行しよう。言い訳などせず、例外も作ってはいけない。ビッグブラザー（注：ジョージ・オーウェルの『１９８４』〔ハヤカワepi文庫〕に登場する、社会主義国の独裁者）が監視するように、徹底的に追跡しよう。あなたが怠けるたびに私の父や私がやってきて腕立て伏せを１００回やらされると思って、厳しく見張ることである。

これはそれほど難しくは思えないことは承知している――小さな1枚の紙に書き留めるだけのことなのだから。しかし、進歩や挫折の様子を追跡したことが、〝私が〟成功を積み重ねることができた理由のひとつなのだ。この方法を使えば、自分の誓った決意をいやがうえにも意識せざるを得なくしてくれる。しかしジム・ローンが言っているように、「実行するのは簡単なことだが、実行しないことも同じように簡単」なことなのである。難しい作業を行うからといって、魔法のような成果が生まれるわけではない。魔法とは、複利効果がもたらす奇跡に火が点火できるくらい長い時間、繰り返し単純なことを実行して始めて起こるものなのである。だから、人生のなかで偉業が達成できないのは、簡単なことを自分が無視しているせいだという事実にぜひ気づかなくてはいけない。成功する人と失敗する人の大きな分かれ目は、成功した人が失敗した人がやらなかったことを進んで実行したことにあるのである。このことを肝に銘じてもらいたい。難しく、退屈で、骨の折れる選択に人生で向き合ったときも、この事実を知っていれば、あなたは何度も助けてもらえるだろう。

お金の罠

お金についてひどくとんでもないへまをしたことがある。私はこの痛い思いをしてやっと追跡力を身に付けることができた。20代のはじめ、不動産売買でかなりのお金を稼いでいたとき、私は会計士と話し合った。

「10万ドル以上、税金を支払わなくてはいけません」と会計士は言いはじめた。

「なんですって？　自分にはそんな現金など残ってはいませんよ」と私は驚いて答えた。

「どうして？　あなたはそれくらいのお金、何度も集めてきたではありませんか？　当然、税金のために取っておけたはずです」

「はっきり言いますが、残っていません」

「お金はいったいどこに消えてしまったのですか？」

「分かりません」。私は冷静に告白した。

お金は湯水のように私の手からこぼれ落ちてしまったのである。

私はそんなことに気づきもしなかった！

そう言った瞬間、会計士は私にとても役立つ忠告をしてくれたのだ。

彼は私の目を真剣にのぞき込みながら、こう言ったのである。「いいですか。落ち着いてください。私はこんなことは今までに何度も目にしてきました。あなたは愚かな酔っ払いのようにお金を使っています。どうしてそうなったのか説明する方法すら分かっていませんね。そんなばかげたことはやめなくちゃいけない。今は赤字なので払えませんが、いずれ未納分を追徴課税されることになるでしょう」

私はすぐに彼の言いたいことを理解した。

次に会計士が私にやってもらおうとしたのは次のようなことだった。私のお尻のポケットに小さなメモ帳を入れておいて、1カ月間、自分が使ったすべてのお金を書き留めることだ。新しいスーツのための1000ドルにせよ、タイヤに空気を入れるための50セントにせよ、すべてノートに買った金額を書き留めておかねばならないのだ。その金額がポケットから流れ出していたお金だったのである。こうして、私が下していた無意識の選択にすぐ気づくようになった。すべてのことをわざわざ記録しておくのは大変なことだったので、私はいくつかのものを買うのを控えるようになった。そうするだけで、ノートを取り出して書いていた、膨大なメモの数は減っていった。書く必要がなくなっていったのだ！

1カ月間かかさずお金の日記を付けていくことで、支出についての私の意識はすっかり変わっていった。新しい意識と積極的行動が芽生えたことで、私は前もって行動を起こし、老後に備えてお金を蓄え始めたのである。明らかに浪費している領域を見つけ出し、ますます楽しく金銭の指数——模擬紙幣（子ども用玩具）——を使って、人生設計を楽しんだ。こうして娯楽のためにパッと大金を支払おうと思ったとき、しばらく考えてから実行するかどうか決めるようになったのだ。

このお金を追跡する訓練は、お金の使い方に関する意識を変えてくれた。この方法は実際に非常にうまくいったので、自分の行動を変えるために金銭以外の面でも何度も利用することになった。追跡することが、自分を苦しめてきたすべてのものを変えてくれる、頼りになるモデルとなったのである。長年にわたって、私は食べたり飲んだりしたもので訓練を重ねてきた。自分の技術や訪問販売、さらには家族、友人、妻との関係の改善にいたるまで、多くの時間を追跡することに費やした。その結果は、私のお金の追跡で警鐘を鳴らしてくれたことに負けず劣らず、大きな成果を得ることができたのである。

本書を購入するとき、あなたは私の意見や指導のためにお金を支払ってくれたことになる。そうであるなら、せめて丸1週間は何かしら行動を追跡するように勧めたいと思う。本書の目標はあなたを楽しませることではなく、きちんとした成果を手に入れてもらうことである。そのためには、ある程度、行動を起こしてもらう必要があるのだ。

以前にも、このような追跡について耳にしたことがあるだろう。実際に、自分なりにこのような訓練を実行したこともあるかもしれない。しかし、今はもうやめてしまったのではないか？　どうしてそんなことが分かるかと言えば、「あなたの人生が望み通りいっていない」からだ。あなたは軌道から逸れてしまったのだ。しかし追跡を開始すれば、もとの軌道に戻すことができる。

あなたはラスベガスのカジノがどれくらい儲かっているのか、知っているだろうか？　カジノ会社が把握できるのは、すべてのテーブル、すべての勝者、すべての時間を追跡調査しているからだ。オリンピックのトレーナーが莫大な金額を支払ってもらえるのはなぜだろう？　それはあらゆるトレーニング、すべてのカロリーや栄養素をスポーツ選手のために追跡しているからだ。勝つ人間はすべて追跡を怠たりはしない。私は同じような考えから、あなたに今から人生の追跡調査を行ってもらいたい。目的を目に見えるようにしておくためにぜひそれを実行してもらいたいのだ。

追跡の訓練は簡単にできる。自分がよい方向に変えていきたいと願っている人生の領域のなかで、あなたが実行している行動をつねに意識していることだ。これで訓練の成果は上がっていく。自分の行動を観察すれば、きっと驚くはずだ。行動を測定してみないことには、管理したり、改善したりすることはできない。同じように、自分の行動に気づいて、自らに責任が持てるようになるまで、才能と素質と可能性に満ちた存在であるあなたは、自分という存在を最大限に発揮することはできない。すべてのプロスポーツ選手とそのコーチは、素人なら気づかないようなごく細かなところにいたるまで、あらゆる成績を追跡している。ピッチャーは自分のあらゆる球種に関する統計を持っている。ゴルファーはスイングに関して多くの測定基準を持っている。プロスポーツ選手は自分が追跡した記録に基づいて成績を調整していく方法を知っているのである。彼らは記録し、それに応じて改善するものに注意を払っている。なぜなら自分の統計値を改善すれば、もっと試合に勝てるようになり、スポンサー契約がさらに増えることを知っているからである。

あらゆる瞬間に、どうすればもっとうまくできるのか、ぜひ理解できるようにすることである。自分をまるで価値のある商品を鑑定するかのように、記録を付けることだ。なぜならあなたは実際に素晴らしい貴重な存在だからである。前に話しておいた誰にでもわかる簡単な方法を試してみたいだろうか？　きっとそう望んでいることと思う。今、自分の習慣に気づいているかどうかは別にして（たぶん気づいていないだろう！）、すぐに自分を追跡してみてもらいたい。追跡することが、あなたの人生、そして突き詰めれば、あなたの生き方に革命を起こしてくれるのだ。

いつもゆっくり着実に

慌てるのは禁物である。陽気に気楽に作業を開始しよう。まずは1週間、ひとつの習慣を追跡してみよう。自分がもっともきちんとできている習慣を選ぼう。それがあなたの出発点だ。複利効果から報酬が生まれてくるようになったなら、人生のほかの領域でもこの練習を自然に試してみたくなるはずだ。要するに、あなたは追跡することを選ぶ〝決意をする〟ようになるのである。

食事を制限することがあなたが選択する領域だとしよう。その理由は体重を減らしたいからである。あなたが実行することは、夕食で食べるステーキ、ポテト、サラダから、休憩室で食べるひとつかみのプレッツェル、サンドイッチにはさむ2枚のスライスチーズ、〝一口サイズの〟チョコレートバー、コストコでの試食、ディナーを締めくくるワインまで、自分が口に入れる数多くの選択をすべて書き留めておくことだ。飲み物も忘れてはいけない。飲食物をすべて合計するが、きちんと追跡しておかなくてはいけない。なぜなら、このような行動は非常にささいなことのように思えるので、すぐに省略したり、忘れたりしてしまうからである。再度言っておくが、このようなことを書き留めるだけなら簡単にできると高を括ってしまうからである――そして事実にその通りになってしまうのだ。しかし絶対に書いてもらわなくてはいけない。大変なのは実際に書き始めることなのだ。だから、ページをめくる前に、あなたの選ぶ領域と書き始める日付を決めてもらうと約束してもらう理由がそこにあるのである。

私が追跡するのは＿＿＿＿＿＿＿＿＿＿の領域で、20＿＿年＿＿月＿＿日に開始する。

追跡するとどのようになっていくだろう？　おそらく、きちんと計画的に実行されることになるはずだ。途切れなく、しっかり記述されるようになるだろう。毎日、新しいページの一番上にまず日付を書いて、情報を書き始める。

追跡した最初の週の後はどうなるだろう？　おそらく衝撃を受けるはずだ。カロリーやお金や時間がどれくらい気づかれないうちに浪費されていたかに驚かされるからだ。なくなってしまったことは言うまでもなく、自分がそんなに持っていたことさえ気づかずにいたのだから。

では、追跡を続けることにしよう。3週間、ひとつの領域で追跡していくことにする。たぶんあなたはすでにうめき声を上げているはずだ。本当はこれは辛い作業である。しかし私を信頼してもらいたい。1週間後、出てきた成果に仰天するだろうが、その後の2週間は、この約束を続行することになるだろう。実際、そうなると請け負うことができる。

では、なぜこの練習に3週間も必要になるのだろう？　3週間、練習を続けるまでは、習慣を形成することにはならない、と心理学者が言っているのを耳にしたことはあるだろうか。3週間が科学的に正確な数字だとはいえないが、それは優れた指針といえるだろう。事実、私にとってこの数字は役に立ってくれた。だから、理想を言えば、21日間、行動を追跡するという選択を守り続けてもらいたい。あなたが拒んだからと言って、私には何も失うものはない（私のウエスト、心臓血管の健康、銀行預金残高などなど。人間関係にはまったく影響ないのだから）。冗談はさておき、あなたが本書を読んでいるのは、自分の人生を変えたいと思っているからではないか？　そして私はゆっくり、着実に仕事をこなすことが必要だと断言しておく。やり始めるのはたいへんだが、実際にやってみれば単純で、続けることができる。だから、実行しよう。

自分で行動を開始すると誓おう。今すぐに。これから3週間、小さなメモ帳（もしそのほうが好きなら、大きなノート）を持ち歩いて、自分の選んだ領域のなかで、やったことをひとつ残らず書き留めよう。

3週間後にどうなっているだろう？　第1週目には驚きが生まれるはずだ。しかし、自分の行動を意識するようになると、その驚きが楽しみへと変わっていくようになる。あなたは自らに「自分はほんとうにこのキャンディーバーを食べたいと思っているのか？　ノートに書き留めておかねばならない。少しおどおどした気分になっているな」と問いかけているだろう。そう問うことで即座に、２００キロカロリー節約されることになる。毎日、キャンディーバーを我慢すれば、２週間で約５００グラムは体重が減るだろう。

仕事に行く途中に4ドルのコーヒーを買って飲んでいて、「まさか！　3週間でコーヒーに60ドルも使うなんて！」とふと気が付く。1年に換算すればなんと1000ドルの散財だ！　複利で計算すれば、20年では5万1833・79ドルになる。実際に、コーヒーを飲むのに店に立ち寄ることで、あなたはどれくらいの金額が必要になるのだろう？　図3を参照してもらいたい。

何だって？　1日4ドルのコーヒーを飲む習慣を身に付けると、20年で5万1833・79ドルの

図3　20年間、1日4ドルのコーヒーを飲む習慣による実際の費用は、5万1833.79ドルである。それが複利効果の持つ力だ。

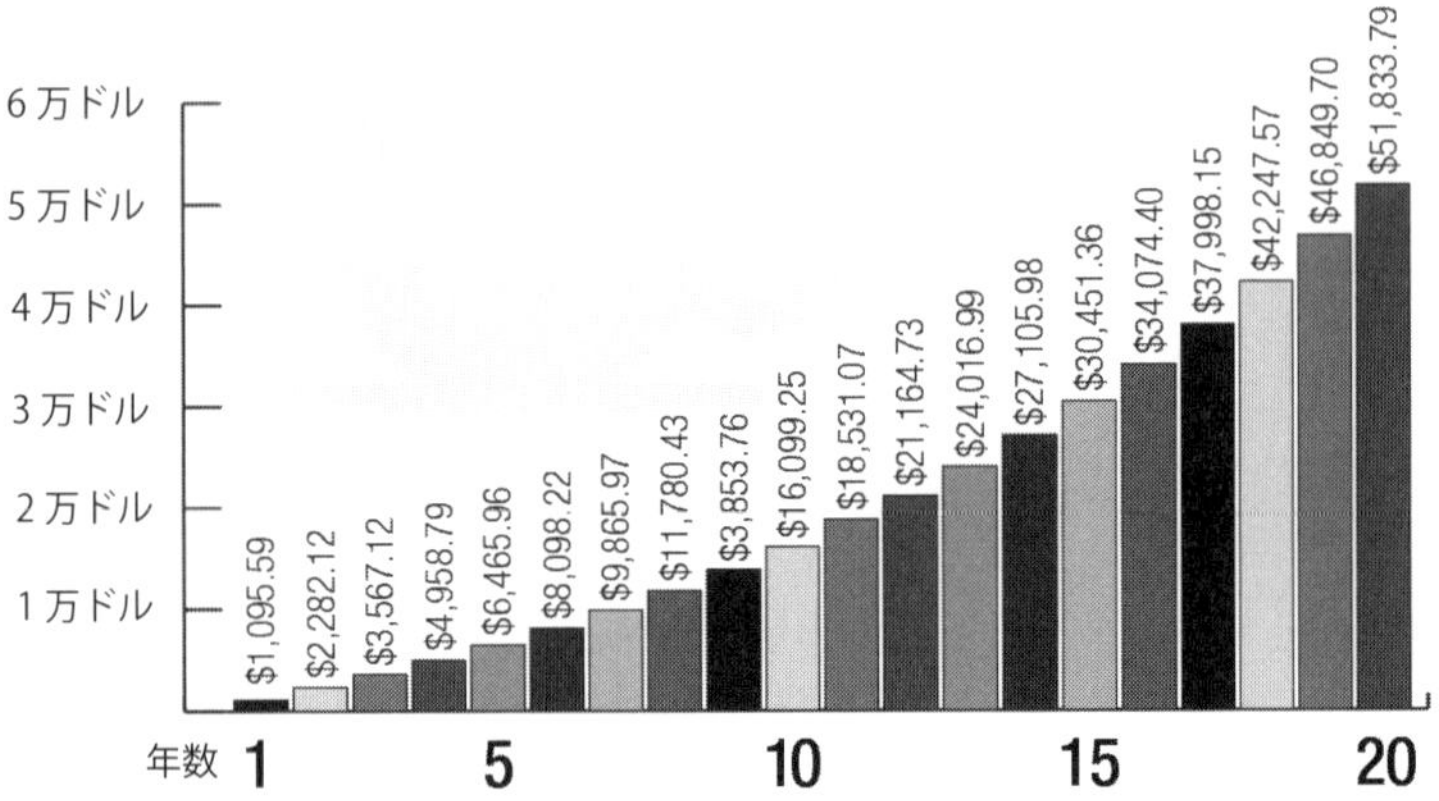

費用がかかるのか？　その通り。何に使うのであれ、今日、あなたが使うすべてのドルは、わずか20年後には約5ドル（30年で10ドル）に値上がりすることをご存じだろうか？　あなたが1ドルを手に入れて、そのお金を8パーセントで投資したなら、20年後にはその1ドルが5ドルに増えていく。今日1ドル使うたびに、あなたの未来のポケットから、5ドルのお金が引き出されているようなものだ。

かつては値札を見て、ひとつの商品に50ドルという定価が記載されているなら、それは50ドルの費用がかかるということだと考えていた。ところがそれはとんだ間違いをしているのだ。確かに、今日のドルの価値で言えばそれで間違いはない。しかし20年間投資した後で、この同じ50ドルの潜在的価値を考えると、（投資せずにお金を消費することで失う）費用は4倍から5倍は高くなってしまうのだ。すなわち50ドルの費用の商品を見るたびに、あなたは「この品物は250ドルの値があるのだろうか？」と問いかけてみる必要がある。今日、それが250ドルの価値があるとするなら、買うだけの価値がある。今度、コストコのような店に行くときには、ぜひこのような見方を忘れずにしてもらいたい。そこは思わず買ってしまう類の、あらゆる種類の驚くようなガラクタで溢れているのだ。25ドルの価値の生活必需品を買いに行ったのに、400ドルのものを買わされて店を出るのだ。こんなことをしていると、私の車庫はコストコの墓場のように見える。次にどこかの格安店に入っていくとき、このような将来価値の観点から商品を査定してみてもらいたい。そうすれば、未来のあなたが銀行で250ドル以上のお金を所有することになる50ドルを支払って、クレープ焼き機を購入することもおそらくなくなることだろう。長年、毎週、毎日、適切な選択を行っていれば、すぐにお金に不自由しなくなる方法に気づけるようになる。

このような意識を抱いて追跡調査を行うと、人生が以前とは違って見えてくることが分かるようになる。そして自分自身に「毎日1杯コーヒーを飲んでいると、最終的にメルセデスベンツの値段に匹敵するお金を支払うことにならないか？」と問いかけられるようになるだろう。毎日のコーヒーが実に高くつくからだ。それよりも大切なことは、あなたがもう夢遊病ではなくなることである。気づいて、意識することで、以前とは違う素晴らしい選択が下せるようになる。すべては小さなノートとペンから始まるのだ。これこそまさに驚くべきことではないか？

知られていない、気づかれない英雄

あなたの生活を追跡し始めたなら、間違っているささいなことばかりでなく、きちんと実行されているちょっとしたことにも関心が集中されるようになるだろう。そして、時が経ってもごく小さな軌道修正を一貫して実行してさえいれば、驚くほど素晴らしい成果が見えてくるようになるだろう。しかし、すぐに著しい成果を期待してはいけない。〝小さな〟軌道修正という言葉を、私は人目につかないという意味で使っている。おそらくすぐに効果に気づける人は誰もいないはずだ。このような修正を実行しても、あなたに拍手喝さいする人も、感謝カードを贈ってくれる人も、トロフィーを贈呈してくれる人もいないだろう。それにもかかわらず、複利の効果は、結局、莫大な報酬をあなたに支払ってくれるようになるのだ。時が経つにつれて、報酬になるのはこのごくささいな規律なのである。それは誰にも見られていなくても、やがて生まれてくる最大の勝利を獲得するための努力と準備なのだ。ここから莫大な成果が生まれてくる。競馬では僅差で勝ったとしても、懸賞金は10倍に跳ね上がる。勝ち馬はほかの馬より10倍も速く走ったのだろうか？　いや、ほんの僅差の勝利だった。しかしそれは馬場での特別な管理、馬の栄養素についての特別な規律、ジョッキーの特殊な技術といった複利の報酬で、ほんの少し改善した結果、生み出された成果なのである。

数百ものゴルフトーナメントが行われ、そこでの数千におよぶストロークを合計した後で、ランキング1位のゴルファーと10位のゴルファーの違いを調べてみると、平均1・9ストロークの差にすぎないが、懸賞金の差は5倍にも広がる（1000万ドル以上対200万ドル）！　1位のゴル

図4　ランキング1位と10位のゴルファーの間の違いは平均1.9ストロークの差だが、賞金額には5倍の開きがある。これが複利効果の力である。［資料：フェデックスカップの2009年12月半ばのランキング］

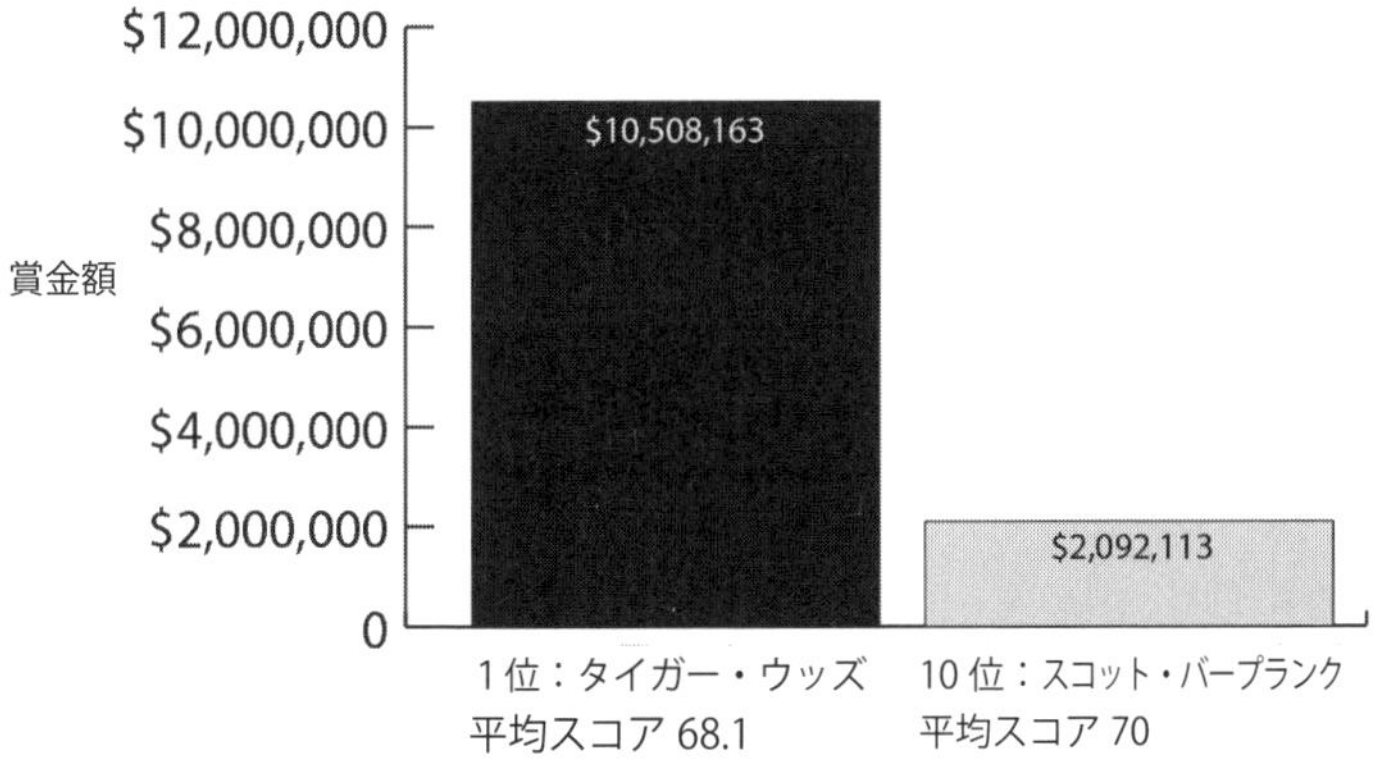

ファーはゴルフが5倍うまかったわけではない。50パーセント上手だったわけでもないし、10パーセントでさえなかった。実際、平均スコアの違いは2・7パーセントよかったにすぎない。ところが賞金には5倍以上の差がついてしまうのだ！　図4を参照してもらいたい。

　これが小さな修正を積み重ねた結果、生まれてくる力である。結局、それは合計しても大きな違いではないが、平凡と非凡を区別するのは数百、数千または数十億の小さな努力の積み重ねなのである。1打よくなるには、（マスターズ・トーナメント優勝者に贈られる）グリーン・ジャケットを着けているだけでは説明できない、無数の小さなことが必要となるのである。

　莫大な報酬を生むかもしれない小さな変化を見出す方法を、いくつか紹介しておくことにしよう。

散歩しよう

私は年間の売り上げが1億ドル以上ある巨大な企業のあるＣＥＯに助言をした。そのＣＥＯフィルは起業家で、この会社の創設者だ。会社は順調だったが、彼の企業への取り組み方や、会社に対する信頼や熱意に欠陥があることに私は気づいた。その点についてはさほど驚きはなかった。なぜならフィルは5年以上の間、自分の会社にほぼ関与していなかったからだ！　なんと自分の職員の80パーセント以上と個人的に話すことはまるでなかった。基本的にこの企業の経営陣とは離れていたのである。私はフィルにひとつの変化だけを要求し、それを追跡してもらうことにした。１週間に3度、自分の持つ事務所の外に出て、この会社の建物の周囲を散歩するように忠告したのである。彼の目標は、少なくともきちんと仕事をこなし、よい評判を耳にしている社員を少なくとも３人探し出して、個人的に認めてあげることだった。それには週に1時間足らずしか費やしていなかった。

しかしこの行動を実施することで生まれたひとつの小さな変化は、時間が経つにつれて大きな成果となって現れてきたのである。フィルになかなか認めてもらえなかった社員は、自分も感謝してもらえる社員になろうと奮起して、やがてよい評価を獲得することになった。するとほかの社員も成績を伸ばすようになり、その多大の努力が評価されて、やがて彼らも感謝されることになったのである。社員に芽生えたこのような新しい態度は波及効果を及ぼし、顧客との付き合いにも変化が生まれてきた。こうして、会社と顧客との経験も改善されて、リピーターも増えていった。さらには、顧客から新しい顧客を紹介されることも増えていったのである。会社全体も誇りのもてる企業へと変貌していった。18カ月にも渡る、この簡単な変化は、企業文化をがらりと変えて、この期間の純利益は30パーセント以上増加した。マーケティングでは同じ職員を利用し、追加投資もまったくなかったのにこのような成果が達成されたのだ。この素晴らしい成果は、フィルが一見些細な手段でも、長い期間、一貫して努力していったまさに賜物である。

金のなる木

12年前、私にはキャスリーンという優れたアシスタントがいた。当時、彼女の年収は4万ドルだった。起業家精神と富の形成に関する講義を私が行っている間、彼女には部屋の後ろにある登録受付の仕事を任せていた。翌週、彼女は私の事務所にやってきて、「収入の10パーセントは取っておくようにとおっしゃっていましたね。あの話はとても役に立つでしょうね。でも私にはそんな実験は絶対にできません。まったく現実的ではないのですから！」と言ったのだ。彼女は自分が受け取る請求書や金銭的債務についてすべて私に打ち明けてくれて、それらをすべて払う月末には、お金はなくなってしまうと話したのである。そしてそのついでに「お給料を上げてくれませんか？」と付けたした。

そこで私は「それよりもっといいことをしてあげよう。君にお金持ちになる方法を教えてあげるよ」と返事した。それは彼女が望んでいた答ではなかったが、結局、同意してくれた。

私はキャスリーンに自分が支出したものを追跡する方法を教えてあげたのである。彼女はノートを携帯するようになった。私はわずか33ドル——彼女の手取りの月収のわずか1パーセント——で、新しい普通預金口座を開設するように言った。それで、翌月から33ドル節約して暮らす方法を伝授した。週に1度だけ、いつも階下にあるデリに行って、サンドイッチ、チップス、飲み物を注文する代わりに、家で作ったお弁当を持参してもらうことにしたのである。その翌月、彼女に預金してもらう額は、2パーセント（67ドル）までに留めておいた。それで、ケーブルテレビの加入サービスを変更することで、さらに33ドル節約できるようにした。さらに翌月、「ピープル」誌の購読をやめて、預金額を給料の3パーセントに増やした（彼女自身で生活を調査して決めたのだ）。それから週2回スターバックスへ行く代わりに、スターバックスの豆をはじめ、しゃれたコーヒー器具を購入するように忠告し、事務所で自分でコーヒーを入れるように言った（彼女はコーヒーを入れるのが好きになったが、私も好きになってしまった！）。

その年の終わりまでに、キャスリーンは自分の生活スタイルに大きな変革が起こっているのを自覚しないまま、給料全体の10パーセントを節約できるようになっていた。実際に自分のもたらした成果に気づくと、彼女はびっくり仰天していた！　ひとつの規則が、彼女の人生のなかのほかの多くの領域にも波及効果を及ぼしていた。彼女はひどく退屈で、つまらない娯楽に費やしている金額を計算し、そこから節約したお金を個人的成長のために投資するようになったのである。数百時間、自分の頭を自己啓発やためになる教材に投資した後、彼女の創造力は飛躍的に向上していった。彼女は余暇を使って、私たちの組織がもっと収益を上げて、節約できるようにするためのアイデアをいくつか私に教えてくれた。このような提案をしてくれたのは、もし支出削減戦略とすべての新しい増収戦略にメリットがあることがわかったなら、その報酬としてそれぞれの戦略で上げる利益の10パーセントと15パーセントを与えると彼女に約束したからである。こうして2年目の終わりまでに、――同じ4万ドルの基本給で――彼女は年10万ドル以上稼ぐまでになった。キャスリーンは結局、請負事業の会社を創設し、自ら成功を収めた。2年前にキャスリーンと空港で偶然出会ったが、その時には、25万ドル以上の年収があった。

彼女は節約して、100万ドル以上の資産を築き上げた――百万長者になったのである！　小さな一歩を踏み出し、月33ドルの貯金から始めた選択がそのすべての始まりだった。

時間がもっとも大切だ

小さな変化により早く取り組むほど、複利効果の威力もそれだけ増していく。あなたの友人が、ファイナンシャル・アドバイザーのデーブ・ラムジーの忠告に耳を傾けて、23歳で大学を卒業して最初に就職したとき、月給のなかの250ドルをIRA（個人退職勘定）に投資することにしたとしよう。一方、あなたは40歳まで貯金を始めなかった（または、もう少し若い時から貯金を始めたが、大きな利益が生まれないと思って、退職勘定を解約したのだろう）。

あなたの友人が40歳になるまでに、お金をそれ以外の投資に回さなくても、月8パーセントの複利利息で資産を膨らませて、67歳までに100万ドル以上の金額を手にすることになるだろう。（40歳になってからやっと）1960年以降生まれの人にとって社会保障制度で一般的な退職年齢である67歳になるまで、あなたは毎月、投資を続ける（つまり、友人の17年に比べ、あなたは27年間貯蓄することになる）。あなたが退職の準備をするとき、手に入る金額は30万ドル以下で、しかも友人より2万7000ドル以上も投資することになるだろう。もっと多くの年数、貯蓄して、はるかに多くの現金を投資したとしても、結局、所有できる金額は友人の3分の1以下である。私たちが目標を先延ばしして、必要な行動、習慣、規律を無視してしまうと、このような事態になってしまうのである。目標に向かっていくための小さな規律を、もう一日も待っていてはいけない。図5を参照してもらいたい。

始めるのがあまりに遅すぎて、困った状態に置かれたので、もう取り返しはつかないと自分に言ったりしていないだろうか？　それはあなたの頭のなかの使い古されたカセットテープが鳴っているからにすぎない。こんなテープはもう捨ててしまおう。複利効果の利益を受け取るのに遅すぎるということは絶対にない。ずっとピアノを弾いてみたいと思っているが、40代に入ろうとしているのでもう遅すぎると感じているとしよう。しかし、今、あなたが始めるなら、退職する年齢になるまでに、25年間もピアノを弾けることになる。あなたはおそらくかなりの腕前に達しているはずだ。上達するための鍵は、まず始めてみることだ。しかも今すぐに。素晴らしい行動や冒険はすべて、小さな一歩から始まる。最初の一歩は、かならず実際以上に難しく見えるものだ。

しかし25年があまりに長すぎるとするならどうだろう？　10年間も時間をかけて、忍耐しなければ

図5

複利効果のパワー					
友人			あなた		
年齢	年数	年度末収支	年齢	年数	年度末収支
23	1	$3,112.48	23	1	0
24	2	$6,483.30	24	2	0
25	3	$10,133.89	25	3	0
26	4	$14,087.48	26	4	0
27	5	$18,369.21	27	5	0
28	6	$23,006.33	28	6	0
29	7	$28,028.33	29	7	0
30	8	$33,467.15	30	8	0
31	9	$39,357.38	31	9	0
32	10	$45,736.51	32	10	0
33	11	$52,645.10	33	11	0
34	12	$60,127.10	34	12	0
35	13	$68,230.10	35	13	0
36	14	$77,005.64	36	14	0
37	15	$86,509.56	37	15	0
38	16	$96,802.29	38	16	0
39	17	$107,949.31	39	17	0
40	18	$120,021.53	40	18	0
41	19	$129,983.26	41	19	$3,112.48
42	20	$140,771.81	42	20	$6,483.30
43	21	$152,455.80	43	21	$10,133.89
44	22	$165,109.55	44	22	$14,087.48
45	23	$178,813.56	45	23	$18,369.21
46	24	$193,655.00	46	24	$23,006.33
47	25	$209,728.27	47	25	$28,028.33
48	26	$227,135.61	48	26	$33,467.15
49	27	$245,987.76	49	27	$39,357.38
50	28	$266,404.62	50	28	$45,736.51
51	29	$288,516.07	51	29	$52,645.10
52	30	$312,462.77	52	30	$60,127.10
53	31	$338,397.02	53	31	$68,230.10
54	32	$366,483.81	54	32	$77,005.64
55	33	$396,901.78	55	33	$86,509.56
56	34	$429,844.43	56	34	$96,802.29
57	35	$465,521.31	57	35	$107,949.31
58	36	$504,159.35	58	36	$120,021.53
59	37	$546,004.33	59	37	$133,095.74
60	38	$591,322.42	60	38	$147,255.10
61	39	$640,401.89	61	39	$162,589.69
62	40	$693,554.93	62	40	$179,197.03
63	41	$751,119.64	63	41	$197,182.78
64	42	$813,462.20	64	42	$216,661.33
65	43	$880,979.16	65	43	$237,756.60
66	44	$954,100.00	66	44	$260,602.76
累計＝ 67	45	**$1,033,289.83**	67	45	**$285,345.14**
投資総額＝		**$54,000.00**			**$81,000.00**

ばならないとするなら？　著書『フォーカル・ポイント』（ディスカヴァー・トゥエンティワン）のなかで、ブライアン・トレーシーは自分の人生のすべての領域を１０００パーセント改善するための方法を作り出した。10パーセントでも１００パーセントでもなく、なんと１０００パーセントだ！　あなたのためにこの方法を説明しておこう。

そのためには、自分自身、自分の成績、努力や収入を1日の仕事で言えば、1パーセントの10の1だけ向上してもらえればいい（週末はゆっくり過ごしてもらって結構だ）。１０００分の1だ。できるだろうか？　もちろん、大丈夫。おそらく誰でもできるだろう。しかも簡単に。1週間、毎日それを実行しよう。そうすれば、毎週、0・5パーセント（さほど負担にならずに）改善されることになる。月にすると2パーセントだ。複利で計算すれば、年26パーセント増ということになる。すると、収入は2・9年ごとに倍増する。10年までに、今より１０００パーセントの改善になる。まさに快挙とはいえないだろうか？　あなたは１０００パーセント以上努力したり、時間を費やしたりする必要はない。毎日、1パーセントの10分の1改善すればいいのである。それだけで十分なのだ。

成功は（ハーフ）マラソンだ

ビバリーは、私が人生を劇的に改善することを目的にした教育ソフトウェア会社のセールスパーソンだ。ある日、彼女は次の週末に、ハーフマラソンをする友人のことを私に話してくれた。かなり太めのビバリーは「私にはマラソンなんて〝絶対に〟無理だわ。階段を上るのにも、息切れするくらいですからね」と私に断言した。「やろうと思えば、友人と同じようにできます」と私が言うと、彼女はためらいがちに「絶対に無理」と言った。

私の第一歩はビバリーにやる気を出す手助けをすることだった。そこで「それなら、ビバリー、ハーフマラソンには興味があるの？」と尋ねてみた。

「それは、今度の夏に20年目の高校の同窓会があるからなの。自分の姿を見て、素敵だと思ってもらいたいの。でも5年前、2人目の子どもを産んでから、体重が激太りしちゃって。いったいどうすればいいのかしら」

目論見通りだ！　ここで、人をやる気にさせる目標ができた。しかし、私は用心しながら探りを入れた。あなたが以前減量しようとしたことがあるなら、おそらくそのときどうなったか分かっているはずだ。高価なジムの会員権を取得したり、個人トレーナーを雇ったり、新しい用具を購入したりとひと財産を投じ、さらにおしゃれな新しいトレーニングウェア、素敵な運動靴にもお金を投資していた。こうして1週間ほどはりきってトレーニングに励んだが、その期間が過ぎるとエリプティカル・マシン（有酸素運動マシン）は室内の干し物掛けになってしまう。ジムはさぼって、スニーカーは部屋の隅にほったらかしだ。私はビバリーにもっといい方法を試してみたかった。それはたった〝ひとつの〟新しい習慣を選ぶことだ。そのやり方がうまくいけば、それ以外の行動もすべて自然に従えるようになる手段だ。

私はビバリーに自分の地区全体を車で走ってもらって、自宅からぐるりと周囲1マイルの地域を地図で示してもらった。そして、2週間の間に3度、示した地図の範囲を散歩してもらったのだ。最初に、1マイル走るようには言わなかったことに留意してもらいたい。その代わりに、私が始めてもらったのは、あまりストレッチをする必要のない、簡単で楽な作業をして、さらに週3回この地域を散歩するように言った。しかし、彼女は毎日、これを続ける選択をしたのだ。

その後、苦しくならない程度に、ゆっくりジョギングをするように言った。息が切れてきたらすぐに、走るのをやめて、歩き続けてもらった。私はこの練習を、1マイルの4分の1、次に半マイル、そして4分の3マイル走れるようになるまで練習してもらった。1マイルを完全にジョギングできるようになるまでに、さらに3週間——7回のジョギング——が必要だった。こうして7週間後、彼女は全区間をジョギングできるようになった。このようにちょっとした勝利を獲得するには、長い時間かかるように思えるかもしれない。結局、フルマラソンの半分は13・1マイルである。1マイルなどなんのことはない。しかし、重要なのは、ビバリーが同窓会のために体を鍛える——(すぐ後で私が説明するような)彼女の「動機」が、新しい健康習慣を手に入れるきっかけになると気づけたことだ。複利効果が作用し始め、奇跡のプロセスが動き出したのである。

次に、私はビバリーに、こうして外出するごとに、1マイルの8分の1ずつ距離を増やすように言った(わずか300歩遠くまで行くくらいの距離で、ほとんど前の距離との違いに気づけない長さだ)。こうして、半年も経たないうちに、彼女は不快な気分を抱くことなく、7マイル走れるようになっていた。7カ月後には、ランニングの習慣の一環として、定期的に(ハーフマラソンの距離より長い)13・5マイル走っていた。

しかしそれよりも驚くのは、人生のそれ以外の領域にも影響が生じてきたことだ。ビバリーが（ずっとやめられずにいた）チョコレートや胃もたれのする脂肪分の多い食べ物を欲しがらなくなったのである。まったく食べたくなくなったのだ。心臓血管を丈夫にする食事を選択することで、元気が溢れてきて、仕事に対する熱意も増えていった。彼女の営業成績は、ランニングの練習をしている期間に、２倍もアップしていたのだ（これは私にとっても朗報だ！）。

前章で見た通り、あらゆる勢いを増してくれる波及効果は、自尊心を高めてくれる。こうして彼女は夫に対する愛情も深まった。夫婦関係は、大学時代に付き合ったとき以上に親密になっていったのである。また自分の熱意が新たになると、子どもともっと生き生きと触れ合えるようになった。彼女は退社後、脂肪の多い前菜や飲み物のため「（サタデーナイトライブに登場する）デビー・ダウナーのようなネガティブな」友人とたむろする時間もなくなった。彼女は参加したランニングクラブで、新しい〝健全な〟友人を作った――それがたくさんの前向きな選択、行動、習慣を身に付ける契機となったのである。

私の事務所で始めてランニングの話をして、自分でやるための「動機」を見つけ出し、一連の小さな数歩を踏み出す決意をした後、彼女は20キロ近く減量し、健康で、やる気のある女性の歩く（そして走る）広告塔になってくれた。現在、ビバリーはフルマラソンをしている！

あなたの今の人生は一瞬一瞬の選択が創り出した結果である。私たちの「サクセス」誌のＣＤ（２０１０年5月号）のなかで、テレビの「ザ・ビッゲスト・ルーザー」（肥満に悩む12人の出演者が期限内に誰が一番痩せたかを競う番組）に出ているフィットネストレーナーのジリアン・マイケルズは、子ども時代の説得力に富んだ話を私に伝えてくれた。「子どもだったときのことです。母は私のために復活祭のときエッグハント（隠された卵を探すゲーム）をしてくれました。卵を探すため家中を走り回りました。私がその卵に近づいてくると、母は〝あら、やけどしちゃうわよ〟と言ったものです。そして私が卵から離れると、今度は〝ねえ、寒くない。凍えているわよ〟と。私はつねに、幸福や最終目標を温かいもの――つまり今この瞬間、下すあらゆる選択や決断が、どれくらいゴールに近づいてくれるのか考える必要があると番組の出演者に教えています」

あなたの結果はまさしくすべて一瞬一瞬の選択が創り出したものなのだ。だから、選択を変えることが、人生を変えてくれる驚くべき力となる。一歩一歩、一日一日、あなたの下す選択が行動を形作り、練習を欠かせなくする習慣を身に付けられるようにしてくれるだろう。

敗けるのが習慣になるなら、勝つのも習慣となる。だから、勝つ習慣をいつも人生に教え込むようにしよう。目標を妨げる人物は排除して、勝利に必要な前向きな習慣を身に付けることだ。そうすれば人生は望み通りの方向に向かっていき、想像できる最高の成果へと踏み出させてくれるだろう。ではその方法を説明していくことにしよう。

複利効果をあなたの役に立てる

【行動ステップの要約】

↗ あなたの人生のなかでもっとも苦戦しているのはどの領域、人物、環境か？　あなたが感謝しているあらゆる状況をあらゆる面から記録しよう。その領域で、あなたが感謝をさらに強く、大きくしてくれることもすべて記録しよう。

↗ あなたの人生の中で、現状の成功と失敗に、全責任を負いたくないと思っているのはどの部分か？　かつて、あなたがやったことのなかで、ものごとを台なしにしてしまった3つのことを書き出そう。またやるべきだったのに、できなかったことを3つ選ぼう。自分に起こってきた出来事を、うまく対処できなかったことを3つ書き留めよう。あなたの人生の成果を得るために責任感を取り戻すために、今すぐ始められる3つのことを書き留めよう。

↗ 少なくともあなたが変えたり、改善したりしたい人生のひとつの領域の行動を追跡しよう（例えば、お金、栄養、健康、他人の承認、子育てなどなんでも構わない）。

第3章　習慣

Habits

賢い師が若い弟子と一緒に森のなかをぶらぶら散歩しているとき、小さな木の前で立ち止まった。師は「その若木を引き抜きなさい」と、大地から出てきたばかりの芽を指しながら、弟子に命じた。弟子はたやすく若木を引き抜いた。次に師は弟子に、膝の高さくらいに成長した、もっとしっかりした若木を指さして、「今度は、それを引き抜きなさい」と命じた。少し努力して、ぐいと引っ張ると、木は根ごとすっぽりと引き抜かれた。「では次はこれだ」と師は弟子と同じくらいの高さのさらにしっかりと根付いている常緑樹に向かって、頷きながら指示を出した。弟子は骨を折り、全体重をこの作業にかけた。頑丈な根を持ち上げるため、自分が見つけた棒きれと石を利用し、やっとのことで木は抜き取られた。

「では、この木も引き抜きなさい」と賢い師は言う。師が視線を向けた方向に目をやると、木の頂が見えないほど高くて、頑丈な樫の木が見えてきた。この樹木よりはるかに小さな木を今しがた引き抜くのに、ひどく苦労したので、弟子は、「すみません。無理です」と師に答えた。

するとと師は「いいか。いまおまえは習慣が人生に及ぼす力を証明したところなのだ！」と叫んだ。「年齢を経れば経るほど、樹木は大きくなり、根が深くなり、引き抜くのが難しくなる。樹木が巨大になり、根が非常に深くなると、引き抜くことさえ躊躇するようになってしまうのだ」。

習慣という生き物

アリストテレスは「人は物事を繰り返す存在である」と書いている。メリアム・ウェブスター（大学辞典）は、習慣を「ほとんどまたはまったく意識しないで獲得される行動様式」と定義している。

馬に乗って、すぐに全力で馬を走らせる男についての話が残っている。その男はとても大切な場所に向かっているように見えた。道端に立っている男が、「どこにおいでですか？」と叫んだ。すると馬に乗っている男は「分からない。馬に聞いてくれ」と答えた。これがほとんどの人が過ごしている人生である。どこに向かっているのか分からずにいるのだから。今こそ、手綱をしっかり握って、ほんとうに行きたい方向に自分の人生を動かすときなのである。

人生を無意識に送り、習慣に黙って従っているようなら、私はあなたになぜそんな状況になっているのか理解してもらいたい。そしてあなたに窮地を脱してもらいたいのだ。習慣を味方につけなければならない。心理学の研究から、人間が感じ、考え、実行し、成し遂げるあらゆることの95パーセントは学習した習慣の結果であることが明らかになっている。もちろん、人間は生まれながらに直観を持っているが、習慣は生まれたときには存在していなかった。習慣は時を経るにつれて形作られたものなのだ。子ども時代から、人間はほとんどの状況に自動的に（つまり、考えたりせず）

反応するようになる一連の条件反応を学習しているのである。

日常生活のなかで、〝自動的に生きる〟ことに長所があることは明白である。日常生活のすべてのこと――朝食を作ったり、子どもを学校に車で送ったり、仕事を始めたりするのを意識的に考えなくてはならないなら、あなたの人生には急ブレーキがかかることになるだろう。あなたはおそらくとくに考えもせずに1日2回、歯を磨いている。この動作をするのに、大きな哲学的論争をする必要などない。ただ黙って磨くのみだ。あなたは自動車の座席に座った瞬間、シートベルトを装着している。考えたりせず即座に実行しているのだ。習慣や慣習のおかげで、人間の日常作業は最小限のエネルギーで済ますことができるのである。私たちはずっと同じようにやっていて、ほとんどの場合、なんとか支障なく対処できるようにしている。こうして、日常のことについて考える必要がないおかげで、人間は精神的エネルギーをもっと独創的で、豊かな思考に集中できるのだ。習慣は役に立つ。それがよい習慣である限り、これは真実だ。

体によいものを食べているなら、自分が買ったり、レストランで注文する食物にも、いつも気を配っているはずだ。体調がいいのは、たぶん定期的にトレーニングをしているおかげだろう。販売の成績がいいのは、販売を断られても腐ったりせず、自分自身に前向きな言葉をかける習慣が、楽観的態度を保っているのだろう。

たくさんの素晴らしい成功者、CEO、スーパースターと出会い、仕事をしてきて、私は彼らの〝すべて〟にひとつの共通する特徴があると言うことができる――つまり、全員がよい習慣を持っていることである。悪い習慣がないというわけではなく、現に存在してはいるが、それほど多くはないのだ。よい習慣に基づいて築き上げられた日常の慣習が、もっとも成功した人とそうではない人を隔てている違いなのだ。お分かりだろうか？　すでに論じてきたことから、成功した人がかならずしもほかの人より頭がよくて、才能があるとはかぎらないことは知っているはずだ。しかし成功する人には、習慣的に、一般の人より情報に通じていて、理解力に富み、競争力があり、物事に熟練し、準備もきちんと整えている傾向がある。

子どものとき、父は習慣のことを私に教えるための見本としてラリー・バードを引用していた。「伝説の人物ラリー」は、最高のプロバスケットボール選手として知られている。しかし、彼はもっとも運動能力に優れた選手として知られていたわけではない。バスケットボールのコート上でラリーの「身のこなしが優雅だ」と説明する人は誰もいない。彼のスポーツ選手としての能力は生まれつき限られていた。しかし、彼はボストン・セルティックスを3度も世界選手権の優勝に導き、史上最高の選手のひとりとして称えられている。彼はどうやってこの名声を獲得したのだろう？

その秘訣がラリーの習慣にある――それは練習することと、試合に勝ちたいというあくなき執念だ。バードはつねにNBA史上最高のフリースローシューターのひとりだった。成長期に、彼は学校に行く前、500本のフリースローの練習をするのを習慣にしていた。このような規則を作ることで、神から与えてもらった能力を最大限に発揮し、コート上でもっとも〝才能のある〟選手たちをも打ち負かしてきたのである。

ラリー・バードのように、無意識に自動的に反応できるようにすることで優れたチャンピオンになることができる。この章で説明するのは、たとえ生まれつき際立った能力がなかったとしても、規律、勤勉、よい習慣でその埋め合わせをするのを選択することだ。それが素晴らしい習慣を身に付ける人間になることなのだ。

良し悪しは別にして、どんな行動でも、たっぷりと練習し、それを繰り返すことで、時が経つにつれて自然にできるようになる。しかし、（両親を手本としたり、環境や文化に即した反応をしたり、対処したりする方法を作り上げることで）無意識のうちに習慣のほとんどが築き上げられても、人間は意識的にこのような状況を変えることができる。自分が身に付けてきたすべての習慣は学習したものなので、当然、きちんと役に立たない習慣も意識的に忘れることができる。さて、準備はできただろうか？　では今度は、悪い習慣を捨て去るレッスンを開始することにしよう……。

まず、すぐに得られる満足の罠から抜け出そう

ポップタルトをガツガツ食べていては、ウエストが細くならないことを私たちは理解している。「ダンシング・ウィズ・ザ・スターズ」や「ネイビー犯罪捜査班」を夜3時間も見ていては、良書を読んだり、素晴しいオーディオ教材に耳を傾ける時間は確実に3時間短くなる。高性能のランニングシューズを買うだけでは、マラソンの練習にはならないことだって私たちは〝気づいて〟いる。人間は〝合理的な〟生き物だ――少なくとも、私たち自身は、そうだと口にしている。それなのに、なぜ人間は愚かにも、非常に多くの悪い習慣の奴隷になってしまうのだろう？　その理由は、すぐに

欲望を満たしたいために、自分をもっとも主体性のない、思慮に欠けた動物に変えてしまうからなのである。

ビッグマックを一口食べると、心臓発作が起こって、胸を鷲づかみにして地面に倒れる可能性があるということなら、ふた口目を食べたりはしないだろう。タバコを後一服吸えば、長年、風雨にさらされた85歳の老人の顔のように老けてしまうとしたなら、おそらく禁煙するはずだ。今日10回、営業のために電話をかけなければすぐ首になったり、破産してしまうとするなら、突然、誰もが電話を手に取るようになるだろう。そしてもし1さじ分のケーキを食べるとたちまち20キロ太ってしまうとするなら、デザートを「遠慮します」と言うことなど朝飯前になるはずだ。

問題なのは、悪い習慣からすぐに手に入れられる報酬や満足感が、長い時間をかけた、合理的な頭脳から生まれてくる成果よりはるかに重視されるケースが多いことである。悪い習慣に染まっていても、その瞬間にはまったくマイナスの影響などないように思えるものだ。心臓発作は起きないし、顔が皺だらけになることもなく、失業者の列に加わる必要も、太ももにぜい肉がつくこともない。しかしだからと言って、それがマイナスの複利効果を促していないということにはならない。

〝目を覚まして〟、自分に染み付いてしまった習慣が、複利計算で、人生の災難を繰り返している事実に気づかなくてはいけない。日常の慣習をほんのわずか調整すれば、あなたの人生を劇的に変えていくことができる。ここでもやはり、私は飛躍的な変化とか、性格、人格、人生の総点検といった問題は話題にしない。ごく小さな、一見、取るに足りないほどの微調整を施せば、あらゆることで革命が起こり、やがて飛躍的成果に結びつけられるようになる。

図6　多少の調整が及ぼす威力：針路を１パーセント変更するだけで、結果は150マイル逸れてしまう。

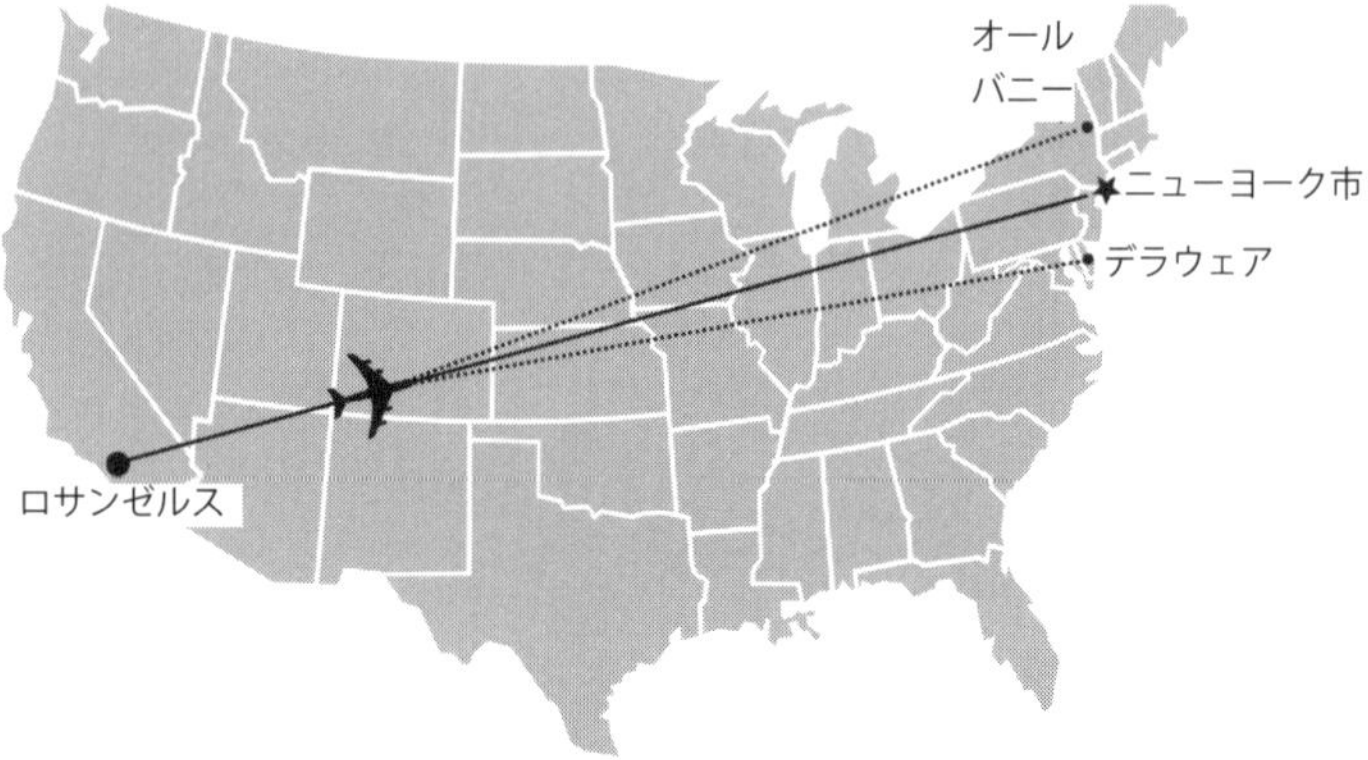

この小さな調整の持つ威力を、もっとも分かりやすく説明するために、ロサンゼルスからニューヨーク市までの飛行機移動を例にあげよう（図6参照）。機首が1パーセント航路から逸れれば――ロサンゼルスの駐機場にいるときには気づかないほどの差だが――最終的には、約１５０マイルも進路から外れることになり、着陸予定のニューヨーク市から、北部のオールバニーかデラウェア州の州都ドーヴァーに着陸地点が変わってしまうことになるだろう。このような事態はあなたの習慣にも当てはまる。その瞬間には、大したことには思えないひとつの悪い習慣は、結局、あなたの目標、つまり望んでいる人生の方向から、あなたをずれた方向に導く恐れがあるのである。

ほとんどの人は、自分の目標や目標を達成するのに必要なことに、意識的にエネルギーを注いだり、理解しようとする努力はしない。ただ流れに任せて生きているのだ。これから、あなたの情熱に火を灯し、胸の中に抱いた夢や願望の実現に向かって邁進する創造力を発揮するのに役立つ方法を教えていくことにしよう。頑丈な樫の木に育って、引き抜けなくなる悪い習慣を根絶するには骨が折れ、至難の業になってしまう。この惨状を苦も無く乗り切るには、断固たる決意より重要なものが必要となるだろう――意志力だけではうまくいかないのである。

あなたのお守り（あなたの動機）を見つけよう

意志力があれば習慣を変えられると思い込んでしまうのは、飢えた灰色熊からピクニックバックを隠すために、上にナプキンをかぶせて、中身を食べられないようにすることに似ている。悪い習慣であるこの〝熊〟と戦うためには、もっと強力な武器が必要になる。

目標を達成する努力が真剣にできないとき、それは自分の意志が弱いせいだと思うのがふつうだ。しかし私はそうは思わない。成功しようとする意欲だけでは不十分なのである。あなたが下す必要のある新しい積極的な選択をどうすれば貫いて行けるようになるのだろう？　どうすれば愚かな悪習に舞い戻ってしまわないようにできるのか？　前に失敗したことを繰り返さずに、どうすれば今度は悪習を変えていけるのか？　あなたはほんの少しでも不快になったらすぐに、居心地の良い古い習慣に戻っていこうとするだろう。

あなたは以前意志の力を利用して、失敗していた。いくら決意を固めても、しくじるものなのだ。

この前、あなたが立てた目標は、余分な体重をすべて減らすことだった。昨年は、予定していた販売訪問をすべて済ませようと考えていた。しかし「愚かなことはやめる」ことにしよう。もっと違う、よりよい結果を手に入れられるように、異なる手段を実行しよう。

意志力のことは忘れることだ。その代わりに〝動機〟の持つ力を活用する番だ。あなたの選択は、自分の願望や夢の実現と結びつかなくては意味がない。一番賢明で、やる気にさせてくれるのは、自分の目的、重要な自我、最高の価値と一致していることを確認できる選択である。自分が求めているもの、そして求めている理由をきちんと理解できなければ、目標はいともあっさりと諦めることになってしまうだろう。

だから、あなたの動機とは何なのか？　人生をよい方向に大きく変えていきたいなら、そのための理由を持っていなくてはいけない。必要な変化を求めるためには、やる気をみなぎらせる動機を持っていなくてはいけない。倒れても、何度も何度も――何年かかっても！――立ち上がらなくてはいけないのだ。だから、自分の心をもっとも強く突き動かしてくれる動機を突き止めよう。その理由を明確にすることが非常に大切なのである。あなたの意欲を燃やしてくれるものが、情熱に火を灯してくれる。動機があなたの熱意を燃やす資源であり、忍耐力を養ってくれる燃料なのである。これは非常に重要なことなので、私はこのテーマを著書〝Living Your Best Year Ever: A Proven System for Achieving BIG GOALS〟（２０１１年、「サクセス」ブック。日本語未翻訳）のなかで扱った。あなたは自分が立てた目標の〝動機〟を知らなくてはならない。

すべてのことが可能になる理由

〝動機〟の持つ力を身に付ければ、疲れたり、退屈で、骨の折れたりすることもつねに突破して、前進できるようにしてくれる。目標を達成する〝方法〟をいくら理解しても、実行する〝動機〟がきちんと納得できるものでなければ、効果を発揮することはできないだろう。願望や熱意がほんとうに生まれてくるまで、いくら人生をよくするために追求すべき新しい手段があったとしても、すべて挫折することになってしまうだろう。あなたの〝動機〟――あなたの願望――がそれほどのものでなく、まだ不屈の精神が培われていないなら、ほかのすべての人たちと同様に、新年の誓いを立てても、たちまちその約束は裏切られ、人生には再び夢遊病のように無意識に、まずい選択が幅を利かせることになってしまうだろう。このような現象をきちんと理解してもらうために、ひとつのアナロジーを挙げておくことにしよう。

地上に幅約25センチ、長さ約9メートルの板を置いて、「この板の上を歩くことができたなら、20ドル差し上げましょう」と言われたなら、あなたは了承するだろうか？　もちろん、やれば簡単に20ドルを手に入れることができる。しかし、１００階建ての2棟のビルの間に、この同じ板を渡して屋上の間を結ぶ橋にし、歩くようにと言われたならどうだろう？　同じ9メートルでも20ドルのためには歩く気にはならず、実際、渡ったりはしないのではないか？　あなたは私を見て、「そんなこと絶対に嫌だ」と言うはずだ。図7を参照してほしい。

しかし、あなたの子どもが反対側のビルにいて、その建物が火事になっているとするなら、子ど

図7　あなたの動機はゆるぎないか？

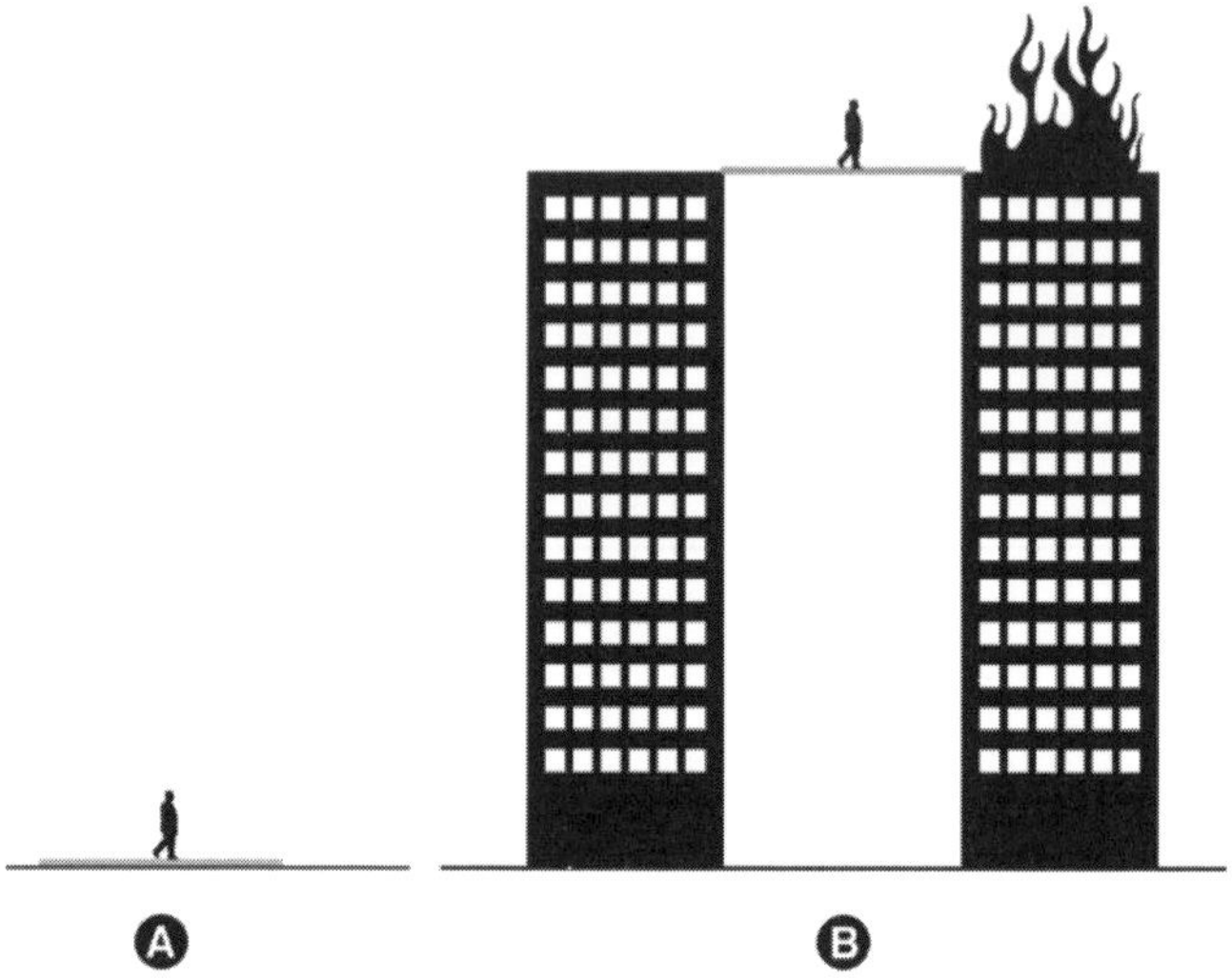

もを救出するため、この長さの板を渡るのではないか？　間違いなく、すぐに渡り始めるはずだ――20ドルであろうとなかろうと、金銭には関係なく、そうすることだろう。

私が高所のビルの間に敷かれた板を渡るように命じても、あなたは嫌だと言うはずだ。しかし、再び同じ質問をして躊躇しなくなったのはなぜだろう？　リスクや危険はまったく同じだ。いったい何が変わったのだろう？　あなたの〝動機〟――渡ろうとするあなたの理由――に変化が生じたのである。このように、しっかりとした動機があれば、たとえどのような方法でも、進んで実行するようになるのだ。

実際に、心に秘めていた創造力と内面の闘志に火を灯すためには、モノや金の力だけでは不十分なのである。このような物質的な動機が悪いというわけではない。それどころか、素晴らしいことだと言える。私は素晴らしいかどうかの見極めができる人間だ。しかし物質的な動機だけでは、実際には、人間の心、魂、根性を駆り立てることはできない。情熱はモノや金よりも心のもっと深い場所から生まれてくる。たとえ輝かしい成果を手に入れたとしても、ほんとうの褒美である幸福や充実は受け取れないだろう。人に最高の仕事を発揮させる専門家アンソニー・ロビンズは、私とのインタビュー（「サクセス」誌、2009年1月）で次のように言っている。「私はビジネス界の重要人物が究極の目標を達成している姿を見てきましたが、彼らは相変わらず欲求不満、不安、恐怖を抱きながら生きています。いったい、このような一流の人間の幸福を妨げている原因とは何でしょう？　答は充実感ではなく、目標の達成だけに焦点を合わせていることにあるのです。素晴らしい業績を手に入れても、大きな喜び、幸福、愛、生き方につながるという保証にはなりません。充実感と目標の達成というふたつの技術がかみ合ってこそ、真の利益は生まれます。成功しても充実感が生まれないなら、失敗と同じだと私は思っています」

まったくこの意見に異論はない。それが成功するだけでは十分とは言えない理由だ。あなたの中心となる〝動機〟を見つけ出して、偉大な力を発揮できるようにするためには、さらに深くあなたの「動機」を掘り下げていく必要がある。

コアバリューと動機

「動機」を抱けるようにするには、あなたの最も大切な価値（コアバリュー）を利用することである。つまり、自分という存在、自分を象徴するものとは何か定義するのだ。あなたにとって核となる価値とは、自分の内面に備えられている羅針盤、航路標識、全地球測位システムに当たるものである。このような機器は、人生の要求、懇願、誘惑のすべてを調査して、検索してくれるフィルターの役割を果たしてくれる。そうすることで、自分が求める目的地に向けて、しっかりと歩めるようになる。自分のもっとも大切な価値を定義し、その価値にそった生活に調整していくことが、自分のもっとも素晴らしい理想に向けて人生を向け直していくための一番重要なステップのひとつとなるのである。

まだ自分の価値をはっきり定義できないようなら、いつの間にか自分の望んでいる方向とは矛盾する選択を下すことになる。例えば、正直になることが自分にとっての大切な価値なのに、嘘つきの人間と付き合っているなら、矛盾が生じてしまう。行動が自分の価値と矛盾しているようなら、結局、不幸せな気持ちになり、欲求不満を抱き、依存的性質になってしまうだろう。実際に、心理学者は私たちに、活動や行動が自分の価値と一致していない場合ほど、ストレスが溜まることはない、と教えている。

自分のもっとも大切な価値を定義しておくことで、人生はもっと簡単で、能率的に歩めるようになる。自分の大切な価値を確定するとき、意思決定もすんなりとできるようになる。選択を下す必要がある場合、「これは自分にとって大切な価値と一致しているか？」と尋ねるようにしよう。一致するなら、実行に移そう。一致しなければ、実行してはいけない。もう振り向くのはよそう。このような方針を立てることで、やきもちや優柔不断はすべて取り除かれる。

@ あなたのもっとも大切な価値を明らかにするために、巻末の「核となる価値の査定」シートを利用するか、www,TheCompoundEffect,com/freeをダウンロードしてほしい。

あなたの闘志に火をつけよう

人間が意欲を抱くのは、求めているものがあるときだ。しかし、嫌なものがあるときも意欲は湧いてくる。愛はやる気を漲らせてくれる力をもつが、憎悪もその点では同じことが言える。社会的に受け入れられている考えとは逆に、憎むことも一概に悪いこととは言えない。病気を憎み、不正を憎み、無知を憎み、自己満足を憎もう。敵の正体を明らかにすることも、ときにはあなたの心に火を掻き立ててくれる。私の心にもっとも大きな意欲、決意、強固な忍耐心が漲っていくのは戦うための敵があるときである。歴史のなかで起こる大改革や政治的革命は、敵と戦うことから生まれてくる。ダビデ王には巨大戦士ゴリアテがあり、植民地だったアメリカにはイギリスの存在があった。ルークにはダース・ベイダーがいて、ロッキーにはアポロ・クリードという好敵手がいた。20代の若者には〝権力者〟が立ちはだかり、タカ派ラジオパーソナリティーのラッシュ・リンボーにはリベラル派が対峙しているし、元プロ自転車ロードレーサーのランス・アームストロングはがんと闘い、アップルにはマッキントッシュがライバルとなった。おそらくまだまだこの話は続けられるだろうが、もう言おうとすることはお分かりいただけたと思う。

敵の存在はあなたに勇気をもって、断固とした態度で、戦うための理由を与えてくれる。戦わなくてはいけない状況に立たされることで、自分の技術、性格、決断が磨かれていく。それはあなたに自分の才能と能力を確め、行動への刺激となってくれる。やる気を起こす闘志がなければ、人間は太って、怠惰になってしまう恐れがある。そうなると、体力も目的も見失ってしまう。

私が指導するクライアントのなかには、くだらない動機から、目標を作り出してしまうことに不安を抱いている人間がいる。彼らは、自分に反対する人が間違っていると証明したいと思っていても、そんな自分に罪の意識を感じてしまうのだ。例えば、「おまえなんか絶対大物になれない」と言われた人間に復讐したいとか、競争で相手を打ち負かしたいとか、またはいつも威圧的に振る舞っている兄を出し抜きたいとかいった願望を抱くことに、なにかやましさを感じてしまうのだ。しかし、実際、（合法的で、道徳に反しない限り）どんな意欲を抱くかは重要なことではない。素晴らしい人道的理由のために意欲を起こさなくてはいけないということはないのである。激しい否定的感情や経験を利用して、意欲を起こすほうがはるかに効果的で、成功の目的を創り出せることも少なくない。

フットボールの歴史上とりわけ有名なコーチ、ピート・キャロルに、この事実が当てはまることは間違いない。2008年9月、「サクセス」誌でキャロルを特集したとき、幼いころ自分の意欲を起こしてくれた出来事について説明してくれた。「子どものころ、私の体はほんとうに小さかった。大したことができなかったのは、自分の体が小さ過ぎたからだ。スポーツで人と競い合えるような状況を作るには2年かかった。それまでの間は、自分はかなり上達していると自らに納得させ、その成果を証明するために戦う必要があった。不満を抱いたのは、自分は他とは違う特別な存在になれると気づけるようにするためだった」

キャロルの戦いに対する欲求は、結局、素晴らしい力を引き出すことになった。

「サクセス」誌の2010年3月号で、名優の誉れ高いアンソニー・ホプキンスのインタビューが特集された。私は彼の並外れた才能と決断力が開花するきっかけを作ったのが、怒りの感情であったことを知って驚かされた。ホプキンスは、失読症と注意欠陥多動性障害に苦しめられていて、教師からはひどく嫌われていた学生だったと告白した。このような診断を下される前には、〝問題児〟というレッテルを貼られていたのである。

「私は両親にとって不安の種だった」とホプキンスは打ち明けている。「自分の将来がはっきりと見えてこなかったのは、自分に指導や教育が必要だったためではなく、どうせ教えられても自分には理解するだけの能力などないと思っていたからなのだ。私のいとこは全員、頭がよかった。私はそのことに恨みを抱き、社会全体に拒絶されたように感じて、ひどく落ち込んでいた」

ホプキンスはこの怒りを利用した。最初、彼は学問やスポーツ以外で成功する道を模索した。そして演じることにかすかな才能があることに気づいた。だから、演技力を身に付ける意欲を奮い起こそうと、自分に向けられていた蔑みに対する怒りを利用したのである。ホプキンスは現在ではもっとも優れた俳優の一人に数えられている。手に入れた名誉と富の成果として、彼は重要な環境問題の解決を支援するだけでなく、薬物の乱用から回復するために戦う無数の人々にも援助の手を差し伸べることができた。たしかに、このような〝貰い〟大義名分が最初に演技する際の動機ではなかったが、彼が戦ったことにははっきりとした価値があったのである。

私たちは全員、効果的な選択を下すことができる。自分の結果を偶然、運命、他人のせいになどしないことで、本来の自分を取り戻すことができるのである。すべてのことを変えていける能力は自分の才能のなかにまさしく備わっているのだ。過去の嫌な経験のために、自分のエネルギーを奪って、成功を妨げるような真似などしてはいけない。逆にこのような経験を利用し、自分を前向きで、建設的な方向に向け直すことができるのである。

目標

前に述べた通り、複利効果はつねに働いていて、いつもあなたをどこかに運んでいく。問題はその行き先がどこかということだ。つねに休むことのない力を利用して、新しくさらに高い場所へとあなたを運んでいけるが、それには自分が行きたい場所がどこなのか気づかなくてはいけない。あなたが望んでいる目標、夢、目的地は何であろう?

私にとってもうひとりの師であるポール・J・マイヤーの葬式に参列しながら、私は彼の豊かで多様性に富んだ人生を振り返っていた。彼は10人以上が束になったよりも大きな成果を成し遂げ、味わい、努力もしてきた。彼の死亡記事は、私に自分自身で設けた目標の量や規模を再評価させるきっかけを与えてくれた。ポールがここにいてくれたなら、きっと私に次のように話してくれたはずだ。「君がやりたくて、しかも可能でもある進歩を実現していないようなら、それは君の目標をはっきり定義していないからにほかならない」。ポールの言葉で最も記憶に残っている引用のひとつは、目標の持つ重要性を私に再認識させてくれた。「あなたが心に鮮明に思い浮かべたり、熱心に願ったり、心から信じたり、熱中して行動していることはすべて……かならず実現できる!」

私の人生のなかで豊かさを手に入れるために一番責任のある技術のひとつは、効率的に目標を設定し、達成する方法を学ぶことだ。しっかりと定義できる目的を設定し、そこに創造力を集中させたとき、魔法のような凄い出来事が起きてくる。私は何度もその姿を目撃してきた。この世の中で最高の目標を達成した人が成功してきたのは、自分のビジョンを綿密に作成していたからなのである。はっきりと、迫真性を持って、燃えるように激しい〝意欲〟を抱いていれば、〝方法〟を実行するのにとびきり優れた人にさえ、かならず勝つことができるだろう。

@　あなたの目標を補足したり、調整したりする必要があるかもしれない。このような必要性を理解するために、巻末の「人生の査定」を行うか、www.TheCompoundEffect.com/freeをダウンロードしてほしい。

目標設定を実際に役立てる方法：明らかにされた「秘密」

探しているものを理解し、体験し、手に入れることができる人間はあなただけである。何を探していいのか分からないなら、絶対、あなたは何も手にすることはできないだろう。人間は本質的に目標を設定するように出来ている生き物なのである。人間の脳は、自分の内面の世界のなかで見て、予測しているものと外界の世界とをつねに一致させようとしている。だから、脳に自分が求めているものを探すように指示すると、あなたにその願望が見えてくるようになるだろう。実際に、人間が望んでいるものは、つねに自分の身の回りに存在している。しかしあなたの心や目が、その願望をなかなか〝見えない〟ようにしているのである。

「引き寄せの法則」は、実際に役に立つ方法だ。この法則は、まるで神秘的で、秘伝的なブードゥー教のように見えるが、実際にはそうではない。はるかに単純で、現実的な方法なのである。

私たちは、毎日、数十億ビットもの感覚（視覚、聴覚、身体）情報を浴びせられている。このあまりに膨大な情報を前にして正気を失わないようにするために、人間はその情報の99・9パーセントを無視している。その結果、実際には心が焦点を当てているものだけしか、見たり、聞いたり、経験したりできないのだ。あなたが何かを〝考えた〟瞬間、人生のなかにその情報が奇跡のように引き寄せられるように思えるのは、そのような理由からなのである。実際には、すでにそこに存在しているものをただ見ているにすぎないのだ。あなたはその情報を〝引き寄せて〟、人生のなかに送り出しているのである。あなたの思考が焦点を合わせて、精神がその考えを見られるように仕向けられるようになるまでは、見ることはおろか、近づくことすらできなかったのである。

納得いただけるだろうか？　ここに謎などまったくありはしない。実際に、きわめて論理的な出来事なのだ。さて、この新しい認識によれば、あなたの精神が内面で考えているものが、残りの99・9パーセントの空間の内部のなかで、焦点を結んで、突然〝見えてきた〟のである。

次に、使い古されている例を紹介しよう（ほんとうにありふれた例だ！）。新しい車を買いに行ったり、購入したりする際、突然その車のモデルが目に入り、いたるところに走っているように見えるようにならないだろうか？　昨日は、どこにもそんな車を見かけていなかったのに、通りの上をたくさん走り出してきたように思えてくるのだ。しかしそれはほんとうにそうなのだろうか？　もちろん違う。ずっとその自動車は存在していたからである。しかし、あなたはその車に関心を払っていなかった。だから、実際には、自分に関心を向けるまでその車は〝存在〟することはなかったのである。

目標が定義されたとき、脳はあなたが新たに探して、焦点を当てたものを見えるようにしてくれる。精神が、自分の周囲のすべての人物、環境、会話、手段、アイデア、創造力を一連の新しい目で見るようになったかのように思えてくるのだ。この新しい視線（心のなかの旅行プラン）を通して、精神は自分の内面でもっとも必要なもの、すなわちあなたの目標を外面と一致させようとする。それは単純なことだ。目標をはっきりと定義した後では、あなたの世の中の経験、つまり人生のなかに思考、人間、チャンスを引き寄せる方法が以前とはがらりと変わっていくのである。

私とのインタビューのひとつで、ブライアン・トレーシーはその点を次のように話している。「一流の人間は非常に明確な目標を持っている。自分という人間を知り、自分が欲しいものに気づいているのだ。彼らは自らの目標を書き出して、達成するために計画を作成している。成功できない人間は缶のなかでガタガタ音を立てている大理石のように、頭のなかだけに問題を持ち歩いているのだ。書かれていない目標はたんなる空想にすぎないということである。誰もが空想を抱いているが、その空想とは弾倉のなかに火薬のない弾丸を詰めているようなものだ。書かれた目標を持たずに人生を過ごしている。それは空砲を撃っているようなものだ。目標を書き記すことこそ、出発点なのである」

今日、少し時間を使って、自分にとってもっとも重要な目標のリストをぜひ作成してもらいたい。ビジネスや財産ばかりでなく、人生のあらゆる面で目標を考えることだ。人生のひとつの側面だけに焦点を当てすぎて、ほかのすべてを排除しないよう用心してもらいたい。人生全般で成功を目指すべきだからだ——あなたにとって重要なのは、仕事、財産、健康、幸福、精神、家族、人間関係、そして生活様式など、人生のあらゆる面でのバランスを取ることなのだから。

@　私が利用したシステムは、『今までで最高の1年を実現する――大きな目標を達成するための効果が証明されているシステム』プログラムは、www.SUCCESS.com/BestYearEverから利用することができる。

目指すべき人物

ほとんどの人は新しい目標に取り掛かろうとするとき、「もちろん、目標は持っているけど、それを達成するためには、何をやるべきでしょう?」と尋ねてくる。別に悪い質問ではない。しかしそれは最初に取り組むべき質問ではないのだ。自分に向かってまず問いかけなくてはいけないのは、「この目標を実現するために、自分はどんな人間を目指すべきなのか?」という質問なのである。あなたは適切なことをすべて実行しているのに、相変わらず求めている結果を出せずにいる人物を何人か知っているはずだ。その理由がお分かりだろうか? ジム・ローンが私に教えてくれたのは次のことである。「もっとたくさんモノが欲しいのなら、もっと自分を器の大きな人間にする必要がある。あなたが追求するのは成功ではないのだ。そんなことをすれば、追求しているものは、あなたから遠ざかる。それはチョウを追いかけるのに似ているだろう。成功は、今後あなたが成長する人間が引き寄せてくれるものなのである」

この哲学を理解した瞬間、私の人生や個人的成長に革命が起きてきた。独身のころ、結婚相手を探し、そのための準備をしていたとき、私は（自分にとって）最高の妻に求める多くの特徴をリストにして作成した。私は非常に詳しくその理想の女性を、態度、品性、鍵となる特徴、人生哲学、さらには文化や髪の毛の質に至る体質を含む家柄まで説明してみた。そのため、日記は計40ページも埋まった。私は未来の妻とどのような人生を過ごし、一緒になにをするか掘り下げて書いて置いた。その際、「この女性を探して、手に入れるためには、何をしなければいけないのか？」と尋ねていたとしたなら、私は相変わらずチョウを採集している段階に留まっていたことだろう。その代わりに、私はリストを見直して、自分もこの理想の女性にふさわしいと言える人物かどうか考えてみたのである。その女性のなかに自分が求めている性質に自分ははたして見合った人間なのだろうか？　私は自分自身に「このような女性が探しているのはどのようなタイプの男性だろう？　このような性質を持つ女性にとって魅力的な男性になるためには私には何が必要だろう？」と問いかけてみたのである。

自分自身が磨いておかなくてはいけない特徴、資質、行動、態度、性格などあらゆるものを説明すると、日記40ページ以上になったのだ。次に、このような特徴に実際になるための作業に取り組み始めたのである。もう少し聞いていただけるだろうか？　この作業は役に立ってくれたのである！

まるで私の日記のページのなかから、自分の目の前に妻のジョージアが現れてきたようだった。彼女はまさに奇妙に思えるほど私が詳しく説明し、求めていた女性と瓜ふたつだった。この成功の鍵は、そのような特徴の女性を引き寄せて、引き留めてもらえるように、自分が磨いておくべき人物を明確にし、次にその目的を達成するための作業を実行したことにあったのである。

@ 悪い習慣を明らかにして、自分が身に付けるべき新しい習慣を明確にするために、巻末の「習慣の査定」シートを使うか、www.TheCompoundEffect.com/free からダウンロードしてほしい。

行儀よく振る舞おう

では、あなたが定めた目標を達成するためのプロセスを綿密に作成していこう。これがプロセスを実施すること——またいくつかの場合には、プロセスを停止することだ。

あなたとあなたの目標の間に介在しているのが〝行動〟だ。複利効果が下方スパイラルに陥ったりしないようにするためには、何かをやめる必要がないだろうか？　同じように、もっとも役に立つ方法に向かえるように、旅行プランを変更していくためには何を実行しておくべきだろう？　つまり、あなたの人生から省いたり、付け足したりしなくてはいけないものとは何なのか？
あなたの人生は次の公式で成り立っている。

あなた→選択＋行動／努力＋習慣＋複利効果＝目標達成

CHOICE BEHAVIOR HABIT COMPOUNDED ＝ GOALS

（decision 決断）＋（action 活動）＋（repeated action 反復）＋（time 時間）

こういうわけで、目標に向かう進路を妨害しているのはどの行動で、目標を達成する手助けをしてくれるのがどの行動かぜひ理解しておかなくてはならない。

悪い習慣はすべて理解していると考えているかもしれないが、それはおそらく間違いだ。だから、再び追跡する作業を実行することが非常に有効となる。正直に、毎日何時間、実際にテレビを見ているか、知っているだろうか？　ニュース番組にチャンネルを合わせたり、スポーツなどの有線放送で選手の目標や成績を調べるのに何時間くらい費やしているだろう？　缶ソーダを何本飲んだろう？　またコンピュータで（フェイスブック、オンラインのゴシップ記事を読むなど）どれくらい不要な〝作業〟に時間を割いていたのか？　前章で強調しておいた通り、あなたにまずやってもらうことは、自分がどのように振る舞っているのか、気づいてもらうことだ。どのような状況で仕事中に居眠りしてしまったのか？　無意識のうちに注意力を散漫にする悪影響をつくってしまったのはどのような場所なのか？

自分と同じ非営利企業の委員を務めている成功したエグゼクティブが、つい先頃、私に会社に雇って生産性を改善する作業を助けてくれないかと言ってきた。彼は仕事をそつなくこなしていたが、さらに社員にコーチングすれば、時間や生産性を最大限に発揮できるようになると気づいたのである。1週間、彼に自らの活動を記録してもらうと、たくさんのことが見えてきた。彼はニュースに驚くほど時間を使っていたのだ――朝は新聞を読むのに45分、通勤時間でも30分、帰宅の車中でも30分、ラジオのニュースを聞いていた。休日以外は、毎日数回、ヤフーニュースをチェックし、少なくとも20分はそのために時間を費やしていた。家に戻ると、家族と会話しながら、最低でも20分はその日最後のローカルニュースを視聴していた。次に、寝る前にも30分間、スポーツニュースと10時のニュースに目を通していたのである。合計すると、毎日、3時間半もニュースのために時間が使われていたのである！

このエグゼクティブは、エコノミストでも商品取引業者でもない。最新ニュースを見ておかないと死活問題になるような仕事に携わっていたわけではないのだ。新聞、ラジオ、テレビのニュース番組に使う時間は、聡明な選挙の投票者や社会に貢献する一員になるのに必要な分量をはるかに超えていた。自分の個人的関心を高めようという目的さえ上回っていたのである。それどころか、彼は自分の番組選択で、ほとんど価値のない情報を手に入れていたのだ。厳密に言って、それはきちんとした選択ではなかった。ではなぜ、1日約4時間もそんな情報を利用していたのだろう？　習慣だったからだ。

私はテレビやラジオを消して、新聞の購読もやめ、自分の仕事や個人的関心にとって重要だと思えるニュースだけを選んで、見るためのアプリである「RSSフィーダー」を設定してみたらどうかと提案してみた。この選択をすることで、すぐに心を取り乱されて、時間を奪う無駄なニュースの95パーセントを消すことができた。現在、彼は自分にとって重要な情報を検討し、1日20分以下にニュースを制限するようになった。これで、朝の45分（通勤時間）そして夜の運動、教育、自己啓発の教材の視聴、読書、計画、準備、家族との充実した会話など生産的活動の時間を確保できるようになったのである。彼は（常時、嫌なニュースを聞かされて、不安な気分にさせられ）いつもストレスを感じながら暮らしていた。しかし余分な情報を遮断することで、今ほど元気で、意識が集中できている時間を過ごせたことはなかったと話してくれた。こうして彼は、ちょっとしたひとつの習慣を変えることで、生活のバランスと仕事での生産性の面を大きく飛躍させたのである。

さあ、今度はあなたが実行に移す番だ。小さなノートを取り出し、自分にとってもっとも大きな目標を3つ書き出してもらいたい。では、そのひとつひとつの領域であなたの進歩を邪魔している恐れのある悪い習慣のリストを挙げよう。〝すべて書き留めるように〟しよう。

習慣や行動はけっして嘘をつかない。言葉と行動の間に矛盾があるなら、いつも自分がやっている行動のほうに従うことになるだろう。例えば、健康になりたいと私に言いながら、指にドリトス（トウモロコシを主原料にするスナック菓子）の粉がついているようなら、私はドリトスを食べていたのだと断言する。自己改善することが優先事項だと言っていても、書斎でXボックス（家庭用ゲーム機）で時間を過ごすことが多いようなら、私はXボックスのほうに気持ちが動いていると断言する。あなたが授業に熱心な教師だと言っていても、授業に遅刻したり、授業の準備が不足しているなら、あなたのその行動はいつも言葉を裏切っていることになるのだ。家族が自分とって一番大切だと言っていても、カレンダーをいつも仕事のスケジュールで埋めているなら、実際は家族は大切には扱われてはいない。あなたが今作成したばかりの悪い習慣のリストを眺めてごらんなさい。それが偽らざるあなたの姿なのである。あなたはそれでいいのだろうか、それとも変えていきたいと思っているのだろうか？　その決断を下す必要がある。

次に、自分でやらなくてはいけない習慣をすべてそのリストに加えよう。時が経つにつれて、訓練され、複利効果が利いてくることで、目標は見事に達成されることになるはずだ。

このリストを作成する目的は、偏った判断を下したり、後悔したりしてエネルギーを浪費することではなく、自分が改善したいことをはっきりと眺めておくことなのである。しかし作業をここで終わらせるわけではない。さらに、目標の妨げになる悪い習慣を根絶し、その代わりに、前向きで、健全な新しい習慣を植えつけていくことにしよう。

物事を大きく変える：悪習を取り除くための5つの戦略

あなたの習慣は学習して手に入れたものである。だから、意識的に捨てることも可能なのだ。新しい方向に人生を向けていきたいなら、あなたの重荷になっている悪い習慣の錨を上げてしまわなくてはならない。その鍵となるのは、きちんとした動機を抱き、すぐ手に入れられる満足感に対する衝動を抑え込むことだ。そのためには、新しいゲームプランが必要となる。次は私が一番気に入っている事態を変革させるための計画である。

1. あなたの引き金（誘因）を明らかにする

あなたの悪い習慣のリストを眺めてみよう。書き留めたそれぞれの習慣に対して、その原因となったことを明らかにしよう。いわゆる「ビッグ４」――それぞれの悪い行動に横たわっている「誰」、「何」、「どこで」「いつ」を理解することだ。次がその例である。

●ある人物と一緒にいると飲みすぎる傾向はないか？

●甘いものを食べたくて仕方がなくなる特別な日があるか？

●悪い習慣がひどくなりやすいのはどんな感情のときか――原因はストレス、疲労、怒り、イライラそれとも退屈か？

●このような感情に襲われるのはいつなのか？　一緒にいたのは誰で、あなたはどこにいて、何をやっていたのか？

●悪い習慣が表面に表れるのはどのような状況か――車に乗っている状況か、人事考課の前か、それともあなたの義理の親族が訪れてくるときか？　それとも会議のときか？　みんなのいる場所か？　体調がすぐれないのか？　締め切りか？

●あなたの慣習をもっと詳しく調べよう。ふつう、目を覚ましたとき、どんなことを口にしているか？　コーヒーやお昼ご飯にするのはいつか？　長い一日から家に戻る時間は？

再び、ここでノートを取り出すか、「Bad Habit Killer Worksheet 悪い習慣撲滅ワークシート」(www.TheCompoundEffect.com/free で英語版をダウンロード可能）を利用しよう。そしてあなたの悪い習慣を引き起こす原因を書き出そう。この簡単な作業をするだけで、あなたの意識は急激に広まっていく。もちろん、これで問題がなくなるわけではない。なぜなら、今まで議論した通り、悪い習慣をしっかり意識するだけでは、習慣をやめるためにはまだ不十分だからである。

2. 家を掃除する

「汚れを落とそう」。この言葉を私は実際のことでも、比喩的な意味でも使っている。飲酒をやめて、家（そして、あれば別荘）から一滴残らずアルコールを捨てたなら、お酒に使うグラス、しゃれた用具、小さな飾り物、そしてお酒に添えるオリーブも捨ててしまおう。コーヒーをやめたいなら、コーヒーメーカーを捨て、グルメコーヒーのひいた豆を、眠そうにしている隣人に譲ってあげよう。支出を抑えたいなら、晩の間に、郵便箱やメールの受信トレイに詰まっているカタログやチラシを処分してしまえば、正面玄関からゴミ箱に歩くといった手間をかけずにすむはずである。もっと体にいい食事にしたいなら、食器棚からすべての余分なものを捨ててしまおう。ジャンクフードを買うのもやめよう――自分の人生のなかには必要ないという理由だけで、あなたの家族にまでジャンクフードを禁止するのは「公平ではない」という主張に巻き込まれてはならない。家の中にそんなものを持ち込んではいけないのだ。今まで許してきた悪い習慣はすべて捨ててしまおう。

3. 交換する

再度、悪い習慣のリストを眺めてもらいたい。どうすればその習慣をそれほど害のないように変えていくことができるだろう？　その習慣をもっと健全な習慣に変えたり、完全にやめてしまうことはできないのだろうか？　今後一切。

私の知り合いの誰もが、食事の後に甘いものを口にするのが大好きだ。家のなかにアイスクリームがあるなら、あらゆる材料をそこに加えて3段重ねのバナナスプリット（1255キロカロリー）にしてしまう。しかし、私はこの悪い習慣をやめて、ハーシー・キスチョコレート2個（50キロカロリー）だけを添えることにしている。そうすれば、元の体重に戻すために、ランニングマシンで余分な時間を使う必要もなく、甘党でも相変わらず満足することができる。

私の義理の親族のひとりは、テレビを見ながら、塩味のカリカリしたジャンクフードを食べるのを習慣にしていた。ほとんど無意識のうちに、トリティーア・チップスを1袋パリパリと食べていたのである。しかし、彼女が実際に楽しんでいたのは、口のなかのサクサクする食感だったことに気づいた。この悪い習慣をやめるため、パリパリ音をニンジンとセロリのスティックと生のブロッコリーの芽に変えてもらうことにした。すると同じような食感を楽しみながら、ＦＤＡ（米国食品医薬品局）が推奨する野菜1皿を手にするようになったのである。

私のために仕事を手助けしてくれたある人物は、1日8本から10本のダイエットコーラを飲むのを習慣にしていた（これはよくない習慣である）。そこでコーラの代わりに、新鮮なレモン、ライム、オレンジを加えた減塩の炭酸水に変えてみたらどうかと提案してみた。こうして約1カ月後に、炭酸水が必要ではないことに気づくと、なにも加えない普通の水を飲むことにした。

　この方法を実行してみよう。自分が変えたり、やめたりするのに、何かそれを交換できる行動がないか確認してみてごらんなさい。

4. ゆっくり始める

　私は太平洋の近くに住んでいる。海に入るときはいつも、まず踝を海の水に慣らしてから、膝の深さまで歩いていき、次に腰と胸まで浸かってから、海中に身を投げ出す。走りながら、海に潜って、さっさと切り上げる人もいる――人それぞれだ。でも私は違う。ゆっくりと海に入っていくのが好きだからである（おそらくそれは次の戦略で説明している通り、子ども時代から残っているトラウマのせいだろう）。長年、続いている根深い習慣をなくしていくには、小さな一歩を踏み込んでから、ゆっくりと捨てていくようにするのが一番効果があるかもしれない。このような習慣は数十年かけて繰り返し、確立され、強化されたものかもしれないからだ。だから、一挙にではなく、一度に一歩ずつ捨てていくのが賢明だろう。

　数年前、妻は主治医に、数カ月間、食事からカフェインを抜くように指示された。私たち夫婦はどちらもコーヒーが「大好き」だった。だから、もし妻が苦しまなくてはいけないなら、私も一緒にコーヒーをやめるのが公平なことだと、判断した。最初は、1週間の半分はカフェインを抜いたが、残り半分の日はレギュラーコーヒーを飲んでいた。そして、次の1週間、カフェインを完全に断つ決意をした。この1週間は、（柑橘類の香りを付けた）アールグレイのカフェインレス紅茶にし、その後は、カフェインレスの緑茶を試した。この目標を達成するのに1カ月かかったが、カフェイン離脱状態で苦しむことはなかった――頭痛にも、眠気にも悩まされず、頭がもやもやすることもなかった……もし依存していた習慣を急に断ち切ったらどうなっていただろうと考えると、ぞっとする。

5. それとも飛び込むか

誰もが同じようにできているわけではない。前の項目とは反するが、多くの悪い習慣を一挙に変えていったほうが、生活様式を簡単に変更できる人間がいることを、突き止めた研究も現に存在している。例えば、先端的医療を施している心臓学者のディーン・オーニッシュは、進行している心臓病を――薬品も外科手術もなく――生活様式を劇的に改善することで、回復できることを発見した。つまり、一挙にすべての悪い習慣をやめてしまうのが簡単に成果がでる場合が多いことにも気づいたのである。彼は患者に脂肪とコレステロールの多い食事を超低脂肪食に変える講習会に申し込んでもらった。この計画には、ストレス軽減テクニックなど心臓にとってよい習慣と同様に、カウチから降りて、散歩やジョギングをするエクササイズも含まれていた。驚いたことに、1カ月足らずで、心臓病患者は、生活から悪い習慣を捨てて、新しい習慣を採り入れたのである――その結果、1年後には、健康に劇的な改善が見られた。個人的に言えば、私はこのような方法は規則ではなく、例外に属することに気づいている。しかし、あなたにとってもっとも役立つ戦略を理解する必要があることは間違いない。

子どものころ、私の家族はロリンズ湖と呼ばれる多少名の知られた場所でキャンプをしていた。北カリフォルニアからさほど遠くない場所にあるこの湖は、タホ湖のある山の頂の氷河がとけて流れ込んでいた。だから、水は驚くほどの冷たさだった。私は、毎日、この湖に入れられていたのだ。父は北極で水上スキーをしていると思えと言っていた。私は湖に入れという父の恐ろしい命令がいつ下されるか、一日中、不安を抱いていたものだった。私は水上スキーが大好きだったが、ただしこの湖に行くのはごめんだった。もちろん水上スキーはやりたいのだが、そのためにはこの湖に入らなくてはいけないのは、ジレンマだった。

父が水上スキーのことを忘れることは絶対になかった。なんと、湖に実際に父から無理やり投げ込まれることすらあったのである。数秒間、低体温症に近い状態になり、ひどく苦しめられた。ところが、やがていつもスッキリし、気持ちが引き締まっていったものだ。湖に入ることを予測していたときのほうが、実際に飛び込むよりも実は大変だった。体が慣れれば、この水上スキーは楽しい経験になった。しかし、私はいつも、恐怖と安堵の間を行ったり来たりしていたのである。

この経験は、悪い習慣をいきなりやめたり、変えたりする経験と類似する点がある。それは短期間、つらい経験を味わう。少なくとも、かなり不快に感じてしまうだろう。しかし体がホメオスタシスと呼ばれるプロセスを通して、変化する環境に順応していくのと同じように、人間には行動が変わって不慣れな状況にあっても、やがてその環境に適応していける能力が備わっている。そして、ふつう、新しい環境に、自分を心理的、生理的に調整できるようになるのである。

歩いて水のなかに浸っているだけではそうはいかない場合がある。実際に、思い切り飛び込まなくてはいけないこともあるのだ。では、「ゆっくりスタートしても、きちんと自分に責任が持てるような状況だろうか？」、「より大きく飛躍しようとするためには、どのような状況が必要なのだろう？頑張れば、すぐに適応できることが分かっていながら、苦痛や不快を避けているのはどのような状況だろうか？」と自分に問いかけてもらいたい。

私の元パートナーのひとりに、アルコール依存気味の兄がいた。彼はビールをがぶがぶ飲んでは、酒場でひと悶着を起こしていた。昼食時も、夕食や夕食後の時間にも飲んでいて、週末には一日中、飲み続けていた。ある日、彼は元大学のクラスメートの結婚式に出席した。その席で、このクラスメートの兄を見た。年齢は彼よりも10歳年上だったが、10歳は若く見えたのである！　結婚式の間、その男性がダンスをし笑ったり遊んだりする姿を見て、自分は長年感じたことのなかった活力がみなぎってきた。こうした気持ちの変化から、酒浸りだった彼はすぐにアルコールをきっぱりやめる決意をしたのである。この決断のタイミングは正解だった。禁酒してから、二度と酒を手にすることなく、もう6年以上になる。

家庭で悪い習慣を変えるとなると、私は二の足を踏んでしまう。しかし仕事は思い切ったことをするほうがはるかに効果的に捗る。新しい事業に向けて努力するにしても、新しい顧客、パートナー、投資家候補と取り組むにしろ、慎重に始めていてはうまくいかないのである。いつも私はロリンズ湖のことを思い出している。最初はつらくても、少し時間が経てば、気分が爽快になる。あの経験が一時的に不快の状況でも我慢する価値が十分にあることを思い出すのである。

悪習を〝精査〟しよう

私は人生のなかの〝悪い〟ことはすべてなくしてしまえ、とは言ってはいない。ほとんどのことは、ほどほどがいいと思っているのである。しかし悪い習慣が、自分を支配しているかどうか、どうすれば知ることができるのだろう？　私は自分を点検できる自信があり、時々、「悪習の断食」を行っている。自分の持つ悪い習慣をひとつ選んで、それに人生をずっと支配されていないか確認する検査を実施してみよう。私にとって悪習と言えるのはコーヒー、アイスクリーム、ワイン、映画である。私のアイスクリーム中毒のことはすでに話した通りだ。ワインについて言えば、私は1杯だけ飲むことにしている。悪い気分に引きずられずに、その日一日を、しっかり祝福することにしている。

私は3カ月ごとに、ひとつの悪習を選んで、30日間、控えることにしている（おそらく私がカトリック教徒で、四旬節を祝っていたためだろう）。私は相変わらず自分が責任感を持つ人間だと言うことを証明することが大好きだ。ひとつの悪習――控え目にやっているが、自分のためにはあまり役に立っていないと気づいている習慣を選んで、30日間、それを断つことにしている。この30日間を控えるのがひどく難しいことに気づいたなら、それは人生から切り離すだけの価値がある悪い習慣だということが判明するのだ。

大変革をもたらす習慣を身に付けるための6つのテクニック

あなたを間違った方向に向けてしまう悪い習慣をなくす手助けをしようとするなら、新しい選択、行動、そして最後に最大の願望を叶えてくれる習慣を作る必要がある。悪い習慣を取り除くというのは、あなたの慣習のなかから何かを取り除くということである。もっと生産的な新しい習慣を身に付けるには、まったく新しい一連の技術が必要になる。樹木を植えて、そこに水をあげ、肥料を施して、しっかり大地に根付くようにするには、努力し、時間をかけ、練習をしなくてはいけない。では、次に私のお気に入りのよい習慣を作るためのテクニックを紹介することにしよう。

リーダーシップの専門家であるジョン・C・マックスウェルは次のように言っている。「毎日、実行していることを変えるまでは、人生が変わることは絶対にないだろう。成功の秘訣とは、あなたの日常のルーティンのなかに見つかるものだ」。研究によれば、新しい習慣を無意識に実行できるようにするには、300回はしっかり訓練する必要がある――それは1年間、毎日、実践せよということだ！　しかし幸いにも、前に話した通り、3週間、真面目に集中すれば、人生のなかに新しい習慣を築けるチャンスがずっと高くなることが分かっている。すなわち、最初の3週間、〝毎日〟新しい習慣を、特別の注意を払って作ろうとすることで、それを一生の財産にするための素晴らしいチャンスが手に入るのである。

実際には、一瞬で習慣を変えることができるかもしれないし、10年経っても習慣をなくす努力が必要となることもあるかもしれない。熱いストーブに初めて触れた瞬間、あなたはこんな習慣は絶対に繰り返されないとすぐに気づく。衝撃や痛さがはなはだしいので、触れたいという気持ちは永遠に失われ、死ぬまでストーブの周りでは用心することになるだろう。

鍵となるのは、ずっと意識し続けることである。実際に、よい習慣を維持していきたいなら、少なくとも日に1度はきちんと意識することだ。そうすることで成功の確率は高くなるだろう。

1．成功するためのお膳立てをしよう

新しい習慣はすべて、あなたの生活やライフスタイルになじんでくれるものでなくてはいけない。ジムに入会しても、家から50キロも離れている場所にあるなら通わないだろう。自分は夜更かしであれば、ジムが午後6時で閉まるなら役には立たないだろう。ジムが近くにあって、便利で、しかもスケジュールが好都合でなくてはいけないのである。もし体重を減らしたり、体にいい食事を取りたいなら、冷蔵庫と食糧庫に置いてある食事はきちんと選んでおこう。昼間、お腹が空いたとき、自動販売機で買ったスナック菓子を好きなだけ食べたりしないように注意しよう。机の引き出しの中にナッツや体によい菓子を入れておくのがいいだろう。お腹が空いているとき、もっとも手に取りやすい食べ物は無糖質なものにすべきだ。私が利用する戦略のひとつは、手元にタンパク質の多い食べ物を置いておくことだ。私は土曜日にたくさんのチキンを調理して、パックにして、翌週はそれを食べている。

注意を散漫にする、もっともよくない習慣のひとつはメール依存症だ。まさしく、こんな習慣は、笑いごとでは済まされない。ずっとメールを見ていると多量のメール対応に時間を取られ、大事な

仕事に集中できる時間が減ってしまう。メールのチェックを1日3回に制限するという新しい習慣を規則にするため、私はアラーム通知を一切やめることにした。一日中、きちんと活動するためには、時間の渦に巻き込まれないように、仕切り壁を立てておかなくてはならない。

2. 引き算ではなく、足し算で考えよう

「サクセス」誌のために、テレビ番組の主催者のモンテル・ウィリアムズとインタビューした際、彼は自分を苦しめる難病、多発性硬化症の治療のため続けている厳しい食事について話してくれた。モンテルはそこで「追加原則」と呼ばれる手段を採り入れている。この手段は誰がどんな目的で利用しても非常に効果があると私は思っている。

「この方法には、食事から取り除くものはそれほどない。代わりに、〝加える〟んだよ」と彼は説明してくれた。これは人生にも使える原則だ。自ら制限したり、取り除いたりする食べ物（ハンバーガー、チョコレート、乳製品など）については考えない。それらに代わるもの（例えば、サラダ、蒸し野菜、新鮮なイチジク）について考えるようにするのである。自分の関心があること、お腹を満たしてくれる食事を食べることで、食べられないものへの関心や空腹を失わせてしまうのだ。犠牲にしなくてはいけないものに意識を集中したりせずに、モンテルは〝加えなくてはいけない〟ものについて考えるのである。そのほうが結果ははるかによくなる。

私の友人はテレビを見過ぎる悪い習慣を改めたいと思っていた。その手助けをするために、もし3時間の自由時間ができたなら、その時間で何をしたいのか、彼に尋ねてみた。すると、子どもと

もっと遊ぶことだと答えてきた。ずっと関心を持っていた趣味は何か尋ねると、今度は写真を選んできた。そして、テクノロジーに目がない彼は、わざわざ高性能な編集機材を手に入れた。こうして、自分の子どもの素敵な写真を撮ろうと、家族との外出を楽しむ機会を増やしていった。夜は、数時間、家族全員が楽しめるようにスライドショーや写真アルバムを編集し、整理するために利用した。家族は時間を共有し、笑ったり、たくさんの楽しい時間を思い出したりできた。子どもや写真に夢中になっていたので、夜、テレビを見てだらだら過ごそうという気もなくなったのだ。テレビを見ながらぼーっと過ごしていたのが、一日の仕事からリラックスするための安易な心の逃げ道だったと気づいたのである。テレビを見る代わりに、子どもとゲームをしたり、情熱を向けられる趣味である写真に使うことで、やる気も収入もはるかに増えていった。

豊かな人生を実現させるために、あなたに「付け加えられる」ものは何だろう?

3. PDA（説明責任の公開開示）を求めよう

就任の宣誓をするすべての役人のことを頭に思い浮かべてもらいたい。「厳粛に宣言します……」と述べて、次に自分の公約をきちんと実現する方法について演説する。このようにいったん一般に発表したなら、公約の実現を妨げる行動をした場合は責任を取らされ、目標に向けて前進すれば称賛を受けてもらえることが理解できる。

新しい習慣をしっかり根付かせたいと思っているだろうか？　それにはビッグブラザーにあなたを監視してもらうことだ。利用できるソーシャルメディアをすべて使えば、これほど簡単にできることはない。毎日、使ったすべてのお金を公開することで、自分の支出を抑えようとした女性の噂を耳にした。この習慣を守るために、彼女は家族、友人、同僚など多くの人に監視してもらえるようにして、自分の財産にはるかに責任を持ち、管理できるようになった。

かつて私は企業の全員に次のように話して、禁煙を奨励しようとした。「よく聞いてください。ゼルダはタバコをやめる決意をしました！　凄いことではありませんか？　彼女は今、最後のタバコを吸い終わりました！」。次に巨大な壁カレンダーを彼女の個人用仕切り空間の外に置いておいた。毎日、ゼルダはタバコを吸わずに過ごすと、その日のカレンダーに太字の×印をつけた。同僚はその努力に気づき、彼女を声援するようになり、赤字の太字の×印の列は次々に埋まっていった。それがとても重要な行事にまでなったのである。ゼルダはこのカレンダーをやめたくなくなった。同僚にも、自分自身にも見捨てられたくはなかったのだ。こうして、見事、禁煙に成功したのだった！

家族に話してみるべきだ。友人にも声をかけよう。フェイスブックやツイッターで公表しよう。町に新しい保安官ができて、その任務を自分が担うということを、みんなに告げてみよう。

4．成功の相棒を見つけよう

ふたりの人間が手を組んで、同じ目標に向けて行動することほど、素晴しい効果が発揮されることはないだろう。成功の確率を上げるために、相棒を手に入れよう。その人物は、新しい習慣を確立するとき、ずっと自分が責任を担える人間にしてくれる貴重な存在である。例えば、私には「最高の成績を取るための相棒」と呼んでいる人物がいる。毎週金曜日、午前11時ちょうどに、30分ほど電話で話し、勝利、敗北、解決策、発見などの報告を出し合い、必要な意見を求め、お互いにその責任を持てるようにしてくれるのだ。あなたは定期的な散歩、ランニング、ジム通いや自己啓発本の読書や交換などをしっかり実行するために、相棒を探し出すようになるかもしれない。

5. 競争と友情

競争心を刺激したり、新しい習慣を一挙に身に付けるためには、お互い切磋琢磨できる人間の存在ほど頼りになるものはない。かつてコロンビア大学の外科の教授メフメット・オズ博士はインタビューのなかで私に「1日1000歩余計に歩くようにすれば、人生は変わるだろう」と話してくれた。「サクセス」誌の運営企業ヴィデオプラスでも、歩数を数えるため、シューズに歩数計測ツールをつけさせて、社員の歩数競争を開催した。社員はチームを組織し、お互い競争して、どのチームが決められた歩数を達成したか確認した。以前は、自分の健康や利益のために運動しようとしていなかった人たちは、突然、1日4～6マイル（6キロから8キロ）歩くようになったのにはほんとうに驚かされた！　昼食時には、みんな駐車場のなかを歩いていた。電話会議があるのに気づいたなら、外出中でも、歩きながら、携帯電話で会議をしていた。競争を利用することで、活動を増やす方法に気づいたのだ。全員の歩数が追跡調査され、会社全体が、誰が怠けて誰が努力したかを確認できるようになり、社員の歩数は日に日に増えていった。

ただ私は、この競争が終了したとたん、歩数が激減してしまうことも確認していた――競争をやめてわずか1カ月後には歩数は60パーセント以上減少したのである。しかし再び競争をはじめると、歩数は完全に元に戻った。人をやる気にさせるには、多少、人を競わせるようにすればよかったのである――そうすることで、素晴らしい連帯意識が芽生え、その上、経験を共有することで仲間意識も生まれてきた。

どのような種類でも、切磋琢磨できるようになれば、友人、同僚、チームメイトを築き上げることができるのだろうか？　新しい習慣を身に付けるために、このような楽しく競い合う状況をつくるにはどういう方法があるだろうか？

6．お祝いしよう！

勉強ばかりで遊ばないと子どもはばかになる。この諺は、人間を堕落させるのを防ぐための処方箋だ。目標を達成する途中でも、自分の勝利を多少は祝い、楽しむための時間を作るべきだ。なんの利益もないことのために、自分を犠牲にすることなどできない。毎月、毎週、毎日、自分に与えてあげられる、ちょっとした報酬を見つけておく必要がある――新しい行動を守ってきたことを確認するといった小さなことであっても構わない。散歩をしたり、風呂でくつろいだり、娯楽のために読書したりする時間を設けておこう。もっと盛大にお祝いをするために、マッサージの予約をしたり、自分の好きな店で夕食を食べたりしよう。難しい目標が成し遂げたときには、自分にたっぷりご褒美をあげることを誓おう。

変化は難しい。いや朗報だ！

「失敗する人」と「成功する人」の99パーセントに共通する特徴がある——全員、マンネリは嫌なことだ。ただ違うのは、成功する人はなんとしても変えていこうとする点だ。変えるのは難しい。だから人間は悪い習慣を変えようとしないのである。そして大半の人が、結局、そのせいで不幸だったり、健康を損ねてしまうのである。

しかし、もっとも興味深いのは、もし変化が簡単で、誰もができるようになったなら、あなたも私も人から注目を浴びたり、素晴しい成功を成し遂げるのははるかに難しくなるという点である。普通の変化なら簡単にできる。これが並外れた変化になれば、あなたはその他大勢の人とは違う存在になれるのだ。

私は、個人的に困難なことが起こってくると、いつもうれしくなってくる。なぜなら、ほとんどの人は必要なこと以外はやろうとしないのが分かっているからだ。だから、私が集団から一歩先行し、簡単に主導権を握れるのだ。私は、マーチン・ルーサー・キング・ジュニア博士が雄弁に語ってくれた次の言葉が大好きだ。「人間の真価が問われるのは、安楽や便利さに恵まれている瞬間ではなく、試練の状況に立たされたときである」。困難、退屈、苦難に直面しても、その難題に立ち向かっていくとき、成長し、競争で優位に立つことができる。難しかったり、気まずかったり、退屈だったりしても、それならそれで構わない。行動あるのみだ。めげずに続けよう。複利効果の持つ魔法の力が利いてきて、大きな利益があなたのもとに訪れるだろう。

辛抱が大切だ

ずっとやめられなかった悪い習慣を捨てて、新しい習慣を始めるには、辛抱強さが大切だということを忘れずにいよう。現在、変えていこうと努力している行動は、これまで10年、30年、40年、またはそれ以上の間、繰り返し利用していたものかもしれない。それなら持続的効果が実際に現われてくるまでには、時間と努力が必要であることを知っておく必要がある。何度も繰り返された思考と行動のパターンが、神経信号である〝脳溝〟を作り出す。そこで、習慣の思考パターンが伝えられるのである。関心を払うことで、習慣は形作られる。科学的にも、相互に接続されたニューロンと呼ばれる神経細胞が創り出されることが証明されている。関心を注ぐことで、習慣が築き上げられていくとき、脳溝が活性化して、習慣に関連する思考、願望、行動を創り出していく。幸いにも、脳には順応性があり、悪い習慣に関心を払うのをやめれば、脳溝は衰弱していく。そして、新しい習慣が形成されると、繰り返しその点に関心を注ぐたびに、新しい脳の皺（脳溝）は深くなっていき、最終的には、以前の習慣を抑えてくれる。

新しい習慣を創り出す（つまり新しい溝を脳に焼き付ける）には、時間がかかる。もしあなたが荷馬車から落ちてしまっても、（自分を責めたりせず）体からホコリをはたき、馬車に戻ろう。それで何の問題もない。失敗しない人間などひとりもいない。再び立ち上がり、新たな戦略を試そう。いっそう努力し、一貫して前進していこう。前に突き進んでいけば、巨大な報酬を受け取れるようになるだろう。

報酬に関しては、次の章で実際に群れから自分を離していく状況を説明する。そうすることで、効果は倍増されるのだ。ここまでの3つの章の基本原理を応用して、あなたはきちんと努力してきた。次は、とうとう報酬――成功！――を手に入れる状況を紹介していくことになる。

複利効果をあなたに役立てる

【行動ステップの要約】

↗ あなたの持っている3つのもっとも素晴らしい習慣――もっとも重要な目標を支えている習慣――を明確にしよう。もっとも重要な目標から、あなたの方向を誤らせている3つの悪い習慣を明確にしよう。

↗ あなたのもっとも重要な目標を順調に進めるために、築いておく必要のある新しい3つの習慣を明らかにしよう。www.TheCompoundEffect.com/free から「Habits Sheet 習慣シート」を利用してほしい。

↗ あなたの中心となる意欲増進の手段を明らかにしよう。重要な結果を達成するために、意欲をさらに起こしてくれる材料を見つけて、その力を持続させよう。www.TheCompoundEffect.com/freeから、「the Core Values Assessment document 核となる価値の査定ドキュメント」をダウンロードしてほしい。

↗ あなたの「動機」を確認しよう。簡潔で、惹きつけられ、畏敬の念を与えるような目標を設定しよう。「goal sheet 目標シート」のダウンロードはwww.TheCompoundEffect.com/freeから。

↗ www.SUCCESS.com/BestYearEverの「Living Your Best Tear Ever - A Proven System for Achieving BIG GOALS 過去最高の1年を実現する——大きな目標を達成するための証明されたシステム」をコピーしてほしい。1年間、設定したプロセスと実現されるプロセスに基づいて、目標を成し遂げよう。

第4章　勢い
Momentum

私の親友を紹介しよう。彼はビル・ゲイツ、スティーブ・ジョブズ、リチャード・ブランソン、マイケル・ジョーダン、ランス・アームストロング、マイケル・フェルプスといったとりわけ優れたすべての成功者の身近にいる存在だ。しかし、誰にも増して、あなたの人生に影響を及ぼしてくれる人物である。その名はモー（Ｍｏ）、またの名をビッグ・モー（Big Mo）という。紛れもなく、成功のもっとも強力で、神秘的な力を発揮してくれる頼もしい存在である。モーを見たり、触れたりすることはできない。しかし、味方になってくれた瞬間に、その存在に気づけるようになる。あらゆる機会にモーが現れてくることは期待できないが、現れた瞬間には――なんと！　あっという間にあなたを成功圏内へと導いてくれる。彼にいったん味方になってもらったなら、あなたを邪魔できる人間はひとりもいなくなる。

私は本章を執筆することにワクワクしている。先に説明した考えを実行したとき、本書のために支払った金額は、１０００倍（いやそれ以上）の報酬となって戻ってくるだろう。冗談ではなく、このような考えにはすさまじい威力が備わっているのだ！

ビッグ・モー（決定的勢い）の力を利用する

高校時代の物理学の授業を覚えていたら、「慣性の法則」として知られているニュートンの第1法則を思い出してもらえるだろう。休止している物体は、外部の力によって動かさない限り、ずっと止まったままの状態でいようとする。一方、動いている物体は何かに勢いを止められない限り、ずっと動いたままの状態でいようとする。言い換えれば、カウチポテト族はずっと動かないで怠けている傾向があり、成功者――成功の波に乗っている人は、つねに懸命に努力して、結局、目的を達成するのである。

勢いをつけるのは簡単なことではないが、いったん勢いがついたら、気をつけよう！　子どものころ、メリーゴーラウンドに乗って遊んだことを覚えているだろうか？　たくさんの友人がメリーゴーラウンドに乗り込んで、その重みで板は下がっていき、あなたが動かそうとして走ると、みんなが歌い出す。最初はゆっくりと動き始める。最初の一歩がいつももっとも力がいる――メリーゴーラウンドを停止した状態から動かすのだ。その際、押したり、引いたりする必要もある。顔がゆがんで、うめき声を上げるかもしれない。動かすのに全身全霊を傾けるのだ。1歩、2歩、3歩進んでも、なんの効果も表れていないように思える。長くて、つらい努力の結果、ほんの少しスピードが上がっていき、乗り物に沿って走れるようになる。あなたが動いていても（友人がもっと大声で歓声を上げても）、実際に望んでいるような速度に達するためには、ますます速く走らせ続け、全力で走ったあとには、自分が乗り物に引っ張られるような状態になる。それで完成だ！　あなたもメ

図8　“ビッグ・モー”を稼働させるためには時間とエネルギーが必要だが、スイッチが入ると成功と結果が急激に生まれていく。

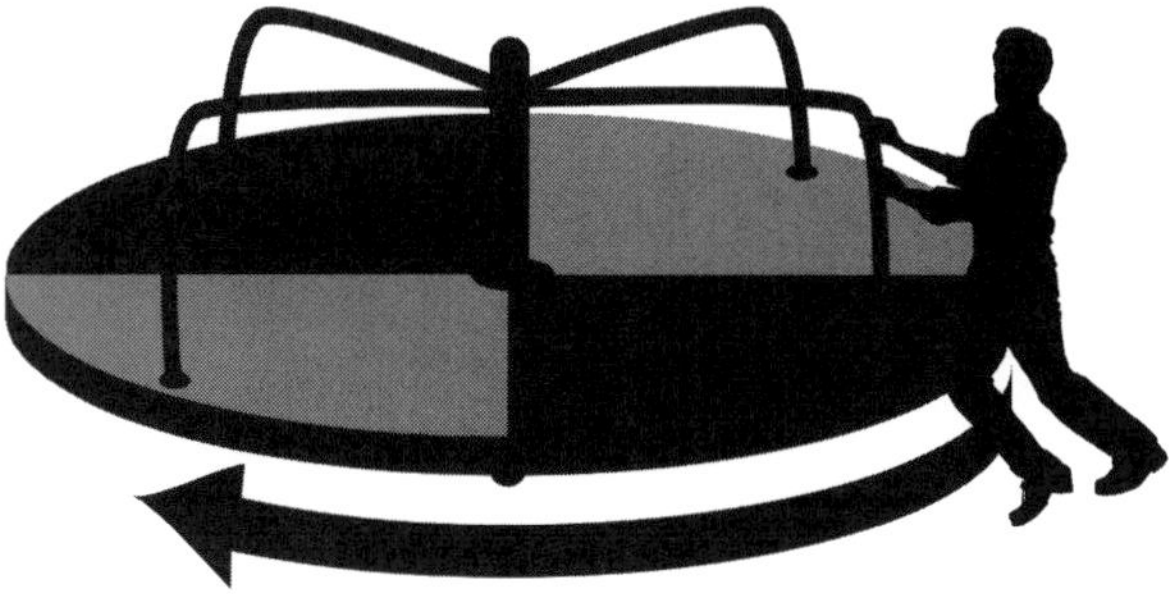

リーゴーラウンドに一緒に飛び乗り、友人に合流する。風の流れが顔に触れて、外部の世界が後へ後へと飛んで行く。しばらくして、メリーゴーラウンドはスピードを緩めていく。すると、スピードをもとに戻すために、また地面に飛び降りて、しばらく並走状態を続ける――または2度ほど強く押して、地面に着地させるのだ。メリーゴーラウンドがものすごい速さで回っていると、勢いが増して、簡単に動き続けることができるのだ（図8参照）。

どんなものでも、変化を起こす手段は同じである。まず、小さな一つの行動を、一度に一歩ずつ踏み出していくのである。歩みはゆっくりしているが、習慣が新たに確立されて、ビッグ・モー（決定的勢い）が働き出すと、勢いがつくようになる。こうして、あなたの成功と成果が急激に形作られていく。

ロケットを発射するときにも同じことが起こる。スペースシャトルは、発射後の最初の数分間に、残りの宇宙旅行で必要になるよりも多くの燃料を消費する。なぜだろう？勢いがついてしまえば、ロケットは引力から解放されるからだ。いったんこの状況ができると、すんなりと軌道に乗っていく。離陸するのが難しいのである。古い方法や古い条件付けは、メリーゴーラウンドや引力の慣性とまったく同じだ。すべてのことは何もしなければずっと休止した状態を続けようとする。だから、今までの惰性を打ち破って、新しい試みを軌道に乗せるためには多大のエネルギーが必要になるだろう。しかし、いったん勢いがついてしまえば、大きな成果を獲得するのにさほど努力しなくても済む。今度は、止めるのが難しくなり、実質的には歯止めが利かなくなっていくだろう。

成功する人がさらに大きく成功していく傾向がある理由はなんだろう……。幸福な人がもっと幸せになり……運のいい人がさらに運がよくなるのはなぜなのか?

勢いがついているからである。雨が降り続け、いつかどしゃぶりになるように。

しかし勢いには両面がある――つまりあなたを有利にも、不利にもする可能性がある。複利効果は、〝つねに〟働いている。検査しないままでいると、否定的な習慣は徐々にその勢いを増していき、人生を〝不運な〟状況と結果へと急降下させていくのだ。それが第1章で触れた友人ブラッドが経験したことである。彼はほんの少しの悪い習慣のせいで約15キロ太った。そしてその習慣から生まれたマイナスの勢いのせいで、重要な仕事と夫婦関係でストレスを味わうことになってしまった。慣性の法則は、休んでいる物を休んだままの状態にする傾向がある――それが人間を不利にする複利の影響だ。カウチの上で、テレビドラマ「チャリー・シーンのハーパー★ボーイズ」を座って眺めながら、時間を長く過ごすほど、立ち上がって、動き始めるのは難しくなってしまう。だから〝今すぐ〟変えていくことだ!

決定的勢いが生まれてくるようにするにはどうすればいいのだろう？　あなたはこの勢いを作り上げることができるのだ。今まで私たちが取り挙げた手段を利用すれば、調子が出はじめ、ゾーン（究極の集中状態）に入っていけるようになるだろう。

1．あなたの目標や中心的価値に基づいた選択をしよう。
2．その選択を新しい前向きな行動にできるようにしよう。
3．このような健全な行動を何度も繰り返して実行することで、新しい習慣を確立しよう。
4．日常の規律に、その慣習とリズムを組み込もう。
5．長い期間、その行動を貫き通そう。

そうすると、バタンと大きな音が響いてくる！　ビッグ・モー（決定的勢い）があなたの家のドアを蹴破ってくるのだ（これは朗報だ）！　この勢いは実質的に止めることは不可能だ。

水泳選手のマイケル・フェルプスについて考えてもらいたい。彼は２００８年の北京オリンピックで８つの金メダルを獲得し、伝説を残した。彼はどうやってこの偉業を達成できたのだろう？コーチのボブ・ボウマンと二人三脚で、フェルプスは12年にわたって才能を磨いてきた。ふたりは一緒にルーティン（決まった手順）とリズムを確立して、フェルプスにまさに適切な――オリンピックという――時期に、勢いをピークにするパフォーマンスと一貫した方法を開発したのである。フェルプスやボウマンのこの二人三脚の関係はその範囲と野心――そしてその予測性――においても伝説だった。ボウマンは練習に関して厳しく一貫性を守り通した。だからフェルプスのもっとも鮮明に記憶しているひとつの出来事は、中学のダンス実習の準備のために、「15分早く」練習を切り上げてもらったことだった。この一件が記憶に残っているのは、それが12年間でルーティンを破ったたった1回だったからなのである！　こうしてみると、フェルプスがプールの中では負け知らずだったことは、なんら不思議なことではない。

あなたはiPodを持っているかもしれない。この小さな装置は進化してポケットのなかでも操作することができる。アップルはiPodが発表されるはるか前から存在している会社である。あのマッキントッシュ・コンピュータには非常に熱烈な支持者はいるが、パソコン市場では相変わらずわずかなシェアしか獲得できなかった。iPodも、世界初のMP3プレーヤーではない。アップルはこの領域では後塵を拝していたのである。しかしこのプレーヤーには強力な武器が備わっていた。顧客からの信頼を維持するための一貫した努力、高品質、革新的デザイン、そして利用しやすさを絶えず追求する姿勢である。アップルはMP3プレーヤーを簡単で、スマートで携帯しやすくし、楽しく創意に富んだ宣伝キャンペーンを展開した。それが功を奏したのだ！　急所を突いたのである。

しかし、iPodは一夜にして成功したわけではない。2001年、アップルがiPodを公表した年には、前年は30パーセント増益だったのに、一転して33パーセントの減益に転落してしまった。翌年の2002年も2パーセントのマイナス成長だった。しかし2003年には再び18パーセントのプラスに転じ、2004年にも再び成長は33パーセントに急増した。そして2005年には、勢いがついて、大躍進を遂げたのだ！　アップルは勢いを増して、収益を68パーセント伸ばし、MP3プレーヤーの市場占有率は70パーセントを占めることになった。ご存じの通り、決定的な勢いがついて以来、スマートフォン市場とiTunes付きのデジタルミュージック配信市場も支配するまでになった。この勢いは、本来の市場であるパソコン部門も復活させてくれたのである。ビッグ・モー（決定的勢い）を味方につければ、別の市場にまで成長が拡大していっても驚きではない。

グーグルは当初、小規模で、売れないサーチエンジンだった。しかし現在では、この市場の60パーセント以上を占めている。ユーチューブは、2005年2月（公式にはその年の11月）に設立された。しかし、莫大な数の人がユーチューブを見るようになったのは、「サタデー・ナイト・ライブ」で放送された音楽主体のショートコント「レイジー・サンデー」が特集されてからのことである。このユーチューブのクリップは急速に広まった――NBCが削除要求をするまでに、レビューは500万以上に増えた。その後も、レビュー数は圧倒的首位だ。勢いがついたからである。今日、ユーチューブはビデオ市場の60パーセント以上を占めている。グーグルやユーチューブを設立したふたりの若者に追いつくために、〝彼らの勢い〟を買い取るためには、6億5000万ドルの買収資金が必要だった。驚くべきことだ！

マイケル・フェルプス、アップル、グーグル、ユーチューブに何か共通点があるだろうか？　それは勢いをつける前も後も同じことを実行し続けていたことである。習慣、規律、慣習、一貫性は彼ら全員が勢いを出すための鍵だった。そして、ビッグ・モーがパーティーに姿を現した時、もう〝止められなくなった〟のである。

ルーティンの力

いくら立派な意志を抱いていたとしても失敗することがあるのは、実行するためのきちんとした手順を踏めないからである。つまり、あなたの新しい態度や行動を現実的で、前向きに変化させていくためには、毎日、ルーティンを練習に組み込む必要があるのだ。ルーティンとはかならず毎日実行する行為だ。つまり、歯磨きをしたり、シートベルトを着用したりするように、意識的に考えなくても実行できることである。習慣に関する問題のなかで話しておいた通り、実行して、成功した出来事を調べたなら、この成功の影にルーティンの存在があったことがわかるだろう。このような決まりは、行動を自然に、効果的に行うことで、人生のストレスを軽くしてくれる。新しい目標を達成し、新しい習慣を作り出していくためには、目標を支えてくれる新しい慣習（ルーティン）を作り出さなくてはならないのである。

課題が大きければ大きいほど、厳格なルーティンを設けなくてはならない。新兵訓練施設が非常に厳しいのはなぜなのだろう？――この施設ではベッドを整えたり、靴を磨いたり、不動の姿勢を取ったりといったような比較的小さな仕事が、極めて重要とされている。戦闘のために兵士を訓練するためのルーティンを築き上げることが、強烈な圧力のなかで、効率的、生産的に、信頼度の高い演習を行うためのもっとも有効な方法なのである。基本的な訓練の間、築き上げ、開発する一見単純なルーティンは、きわめて厳格だ。そのため、軟弱で臆病でひどくだらしなかったティーンエージャーをも、わずか8週間から12週間で、引き締まり自信に満ち、使命感を抱く兵士に変身させるのである。ルーティンは、非常にしっかりと実施されるので、このような若い兵士は戦闘で混乱状態に陥っている最中にも、本能的に正しい行動に移ることができるのだ。この辛い訓練と練習が兵士に――差し迫った死の恐怖のなかでも――任務を遂行する能力を備えさせるのである。

今、あなたの日常生活は危険な環境にはないかもしれない。しかし、適切なルーティンを計画のなかに組み込んでおかなければ、人生で思い通りの結果は生まれず、なくてもよかった困難を招いてしまう恐れがあるのだ。毎日のきっちりとした規則であるルーティンを作っておくことが、人生という戦場で勝利を用意してくれるのである。

ゴルファーのジャック・ニクラウスは、ボールを打つ前に行うルーティンで有名だった。彼は打つ前にかならず〝ダンス〟をしていた。つまり、十分集中し、打つ体勢を整えるための、一連の決まった精神的、身体的な段階を作り出していたのである。ジャックはボールの背後に動いていき、次にボールと目標の間に、ひとつかふたつの中間地点を選択する。ボールの周囲を歩いてからアプローチする前、最初にするのがその目指す中間地点にクラブのフェース部分をまっすぐに向けることだ。クラブフェースがきちんと置けたと感じられるまでは、足を位置に置こうとはしない。この作業を終えると、スタンスを取り、ボールの上でクラブを左右に動かして、繰り返し中間の標的に目をやったり、ゴルフクラブに目を戻したりする。こうしてやっと、ボールを打つ順番になるのだ。

重要なメジャーの試合のひとつで、心理学者はクラブをバッグから抜きボールを打つインパクトまでの、ニクラウスの所要時間を測定した。結果はどうだったか？　1番の最初のティーから18番グリーンまで、ジャックのルーティンのタイミングは、測定上は寸分の違いもなかったのだ。これは驚くべきことではないだろうか？　同じ心理学者は、１９９６年のマスターズで、不運にも優勝争いから脱落したグレッグ・ノーマンでもこの時間を測定してみた。残念ながら、打つ前の動作はラウンドが進むにつれて、早くなっていき、それにつれて勢いはすっかり失なってしまったのだ。ノーマンのルーティンが乱れると、自分のショットがどうなるのか予測できなくなり、その結果、安定感が失われてしまうのだ。

アメリカンフットボールのキッカーも、ボールを蹴る前のルーティンは何千回やっても変わらない。予想される通り、キック前のルーティンが変われば、プレッシャーを感じ、失敗する率が高くなってしまうためだ。飛行機のパイロットは、毎日、かならずフライトの前、チェックリストを読んでいる。これは飛行機の準備をすることだけがその役割ではない。もっと重要なのは、パイロットを集中させ、きちんと操縦するための心構えをすることなのだ。

私が一緒に働いた、成功率の高い人物やビジネスオーナーたちは全員、よい習慣を持っていたばかりでなく、必要な日常の規則をきちんと行うためのルーティンを創っていることに気づいた。誰もが予測できるように、それが行動を規則正しく行う唯一の手段なのである。それ以外に方法はないのだ。よい習慣と規律に基づいて作られる日常のルーティンが、もっとも成功する人と成功できない人を分けている。ルーティンにはこれほどすごい力が潜んでいるのである。

利益の上がる、効果的なルーティンを作り出すために、まずあなたがやるべきことは、達成したい行動や習慣を決断することだ。時間を取って第３章からの目標を点検し、さらにそこに加えたり、省いたりすべき行動を精査してみよう。今度は、あなたがジャック・ニクラウスのように、自分にとって最高のルーティンを理解する番だ。このような決まりをどのように組み立てていくか意識的に考えてみてほしい。例えば、朝のルーティンを作ろうとする場合、当面の間は、かならずその内容をしっかり意識するようにしたい。日を覚ますと、ルーティンをすぐに行なう――問答無用だ。誰かまたはなにかに途中で邪魔されてしまったなら、また最初に戻って、その日の行動の土台をしっかり固めるようにしよう。

一日の始まりと終わり

特段の努力をするための鍵は、自らの仕事のための飛びきり優れたルーティンを作っておくことだ。仕事のある日、その日なにが行われるのか予測して、管理するのは難しく、考えても無駄になってしまう恐れがある。しかし、一日の始め方や締めくくり方はどちらも管理することができる。一日の始まりと終わりにはどちらもルーティンがあるからだ。ここでは、そのルーティンについて伝えておくことにしよう。あなたにいくらかアイデアを提供し、新しい行動にきちんとしたルーティンを組み込むことの長所と重要性をしっかり理解してもらうことにしよう。私は目標を考え始めることで、その行動に従った行動とルーティンを考え出すことにしている。おそらく、私に役立ったルーティンをいくつか伝えておけば、あなたもきっと試したくなるだろう。

起床する

私の朝のルーティンは、ジャック・ニクラウスがプレショットの準備でやっているようなことを、自分なりにやってみたものだ。この朝の儀式が、その日一日の準備となってくれる。毎朝、やっていることなので、やることは決まっていて、考える必要はない。iPhoneの目覚まし時計のアプリが午前5時に突然鳴り始める（告白——午前5時半に設定することもある）。私はスヌーズボタンを押して、8分間、音を止めておく。なぜ8分なのかは分からない。理由は、時間を設定したスティーブ・ジョブズに訊いてもらいたい。

この8分間に私は3つのルーティンを行う。最初は、自分が感謝していることをすべて頭に浮かべる。その日を豊かな気分で過ごす必要があるからだ。自分が所有しているものに対する感謝の気持ちと態度をもって、一日を始めると、世界が以前とは大きく違って見えるようになり、行動や反応も変わっていくのだ。2つめは、少し奇妙に思えるかもしれないが、人に愛を伝えることだ。人から愛される方法とは、自分が人を愛することである。私がもっとたくさん求めているひとつのことが愛なのだ。私はある人のことを思い浮かべて、愛していることを伝えている（おそらく、友人、親戚、同僚かもしれない。または、スーパーマーケットで会ったばかりの人だとしてもかまわない）。次に、その人のために私がやってあげられるあらゆることを想像するのだ。このような思いを祝福や祈りと呼ぶ人もいるだろうが、私は精神的ラブレターと呼ぶことにしている。3番目は、自分の最大の目標を考えて、それを達成する方向に近づけるために、この日実行する3つの事項を決断することだ。例えば、今、この文章を書いている時点で自分の最大の目標は、夫婦間の愛情と親密さを深めることである。私が妻を愛し、尊敬し、美しいと思っていることを実感してもらうために、自分が実現できる3つの行動を考えるのだ。

起きてから、私はコーヒーを準備して入れるまでの約10分間、――心臓外科医のドクター・オズのアドバイスから選んだ――一連のストレッチ運動をする。いつもバーベルを上げていたら体は固くなってしまう。自分がストレッチを生活に無理なく組み込む唯一の方法は、それをルーティン化することだと気づいた。私のスケジュールのどの状況でこの運動をやるのがいいのか決める必要があった――そして、コーヒーを入れている間がもっとも適切だったというわけである。

ストレッチを終えて、コーヒーを注ぎ、座り心地のよい革張りのリクライニングチェアに腰を掛け、30分間（それ以上でも、それ以下でもない）iPhoneのアプリで時間を計って、やる気を出したり、勉強になる読みものに目を通す。そして、アプリのアラームが鳴ったら、もっとも重要な計画を実施するのだ。その際、1時間意識を完全に集中し、注意を逸らさずに努力して計画に取り組む（この時点では、まだメールを開いていない点に注目してもらいたい）。次は午前7時に、約束の照合つまりカレンダーに入れてある約束を確認する。ここでは、15分かけて、3年や5年かかるとくに大切な目標、私にとって鍵となる3カ月ごとの目標、1週間および1カ月間の大きな目標にざっと目を通しておく。次に、この約束の一番重要な部分として、私はその日もっとも重要な3つのMVPs（もっとも重要な優先事項）を点検（設定）し、「今日、3つの行動しか取れないとすれば、自分の大目標に近づくために最大の成果を生み出してくれるものは何か？」と問いかけることにしている。次に、初めてメールを開いて、その日、私のチームにやってもらう、多くの仕事や委託を送信するのだ。それを済ますと、すぐにメールを閉じ、自分のＭＶＰｓに取り組んでいくのである。

日々きっと多くのことが起きるだろうが、朝のルーティンを実行する限り、自分がやらなくてはいけない重要な規律の大部分にはきちんと取り組むことができる。私は毎日、物事を行き当たりばったりに――さらに悪いことにそれが悪い習慣から――始めるより、はるかに高い業績を築き上げるための、きちんとした土台を作り、用意しているのである。

素敵な夢

夜、私は一日の〝清算〟をするのが好きである――私は若いころ経験したレストランのサービスで、清算することを学んだ。帰宅する前に、私たちは清算しなくてはいけなかった。つまり、すべてのレシート、クレジットカード控え、現金を提出するのである。それらで計算しておかなければ、後で大混乱が発生してしまう！

あなたの毎日の成績も〝清算〟しておくことが重要だ。その日、立てた計画をどれくらい実行できただろうか？　翌日の計画に先送りしなくてはならなくなったものとは何だろう？　もはや重要ではなくなって、やめてしまわなくてはいけないものは何か？　その上に、私は日記のなかに新しく考えたことを書き加えておく。これは自分が1日のうちに気づいた発見や洞察の記録だ——こうして私は素晴らしいアイデア、洞察、戦略を記した40冊以上の日記を集めた。最後に、私は少なくとも寝る前に、10ページの自己啓発書を読むことにしている。就寝前に、最後に手に入れた情報を頭はきちんと処理してくれるということが分かっているからだ。こうして、私の目標や野心の実現を近づけてくれる建設的で、役に立つことに関心を集中させたいと考えている。それで万事ＯＫだ。一日中、てんやわんやの大騒ぎになってしまう日があったとしても、一日の始めと終わりを管理しているので、その日をしっかり始めてしっかり締めくくる自信がある。

ルーティンの失効

折を見つけて、私はルーティンを進んでやめる場合もある。そうしないと、人生は単調で、進歩も止まるからである。その簡単な例がウエートトレーニングである。毎週同じ時間に同じ部位を繰り返し動かしていると、体は〝複利効果〟を失ってしまう。退屈して、情熱を失い、意欲も自然となくしていくのだ。だから、今までとは違う、新しい方法に自ら挑戦し、新鮮な経験をしてみることが大切なのである。

今、私は生活の中にもっと冒険する部分を増やそうとしている。週、月、年の目標を立てて、普通はやらないことに挑戦することにしているのである。たいていそれほど骨の折れることはやらないが、今まで食べたことのない料理を試したり、新しい授業を受けたり、初めての土地を訪れたり、クラブに参加して初対面の人と出会ったりしているのだ。このように自分の生活に変化を付けることで、人間は新鮮な気分を味わい、情熱を取り戻し、新たな視点を手に入れる機会を得るのである。あなたのルーティンを調べてみよう。あなたを活気づけるために利用しているルーティンがマンネリ化して、もはややる気が失われているようなら、ほかのルーティンに変えてみることだ。

リズムに乗る。新しいルーティンを見つける

一日の規律をルーティンにしたなら、それを続けていくためにはリズムを作らなくてはならない。規律と行動が週、月、四半期、1年のリズムに合っているなら、決定的な勢いを手に入れるのは正面玄関で靴脱ぎマットを敷くくらい当たり前のことになっていく。

それは蒸気機関車の車輪のようなものだと考えるのがいいだろう。停止しているときは、前に進まないようにするためには、とくに苦労はない——前輪の下に約3センチほどの材木ブロックを置いておけばいい。しかし、ピストンを動かして、車輪を回すための一連の動作を生み出すためには、驚くほど多量の水蒸気が必要になる。このような運動ははじめはゆっくりと進みはじめる。しかし、いったん走り始めると、リズムに乗って走っていく。圧力をずっと一定にしておくと、汽車は勢いをつけていくのだ。でも、警戒が必要だ！　時速90キロに達してしまえば、鋼鉄で補強された約2

図9　あなたの規律や行動にリズムが生まれたなら、決定的な勢いがついたことを歓迎しよう。

メートルのコンクリートの壁と激突しても、進み続けていくのだから。心の中で成功をこのような止められない機関車として思い描いておこう（図9参照）。そうしておくと、自分のリズムに乗ることに夢中になり、熱意を持続するのに役立つだろう。

日頃のリズムに従いながら、私は事前に計画を練っている。例えば、夫婦の愛情や親密さを深めるという目標を調べるとき、週、月、四半期のリズムを作る計画を作成している。

こんなことをするのはあまりロマンチックには聞こえないのは分かっている。しかし、あなたに優先順位の高い予定がある場合、そのスケジュールをカレンダーにきちんと載せておかなければ、目標が実現できる可能性は少なくなるのではないだろうか？　あなたは定期的に何かしらリズムに乗らないといけない。

その使い方は次の通りだ。私は毎週金曜日の夜は「デートの夜」と決めている。妻のジョージアと外出し、特別な夜を過ごしているのだ。午後6時に、ｉＰｏｄにアラームが鳴ると、夜のデートの開始だ！　毎週土曜日はＦＤ（ファミリーデー）である――この日は、仕事は禁止だ。本質的に、金曜の日没から日曜日の朝までが、夫婦と家族に時間を捧げるための時間である。あなたがこのような決まりを創っておかなければ、知らない間に日々は流れていってしまう傾向がある。あいにく、このような日々のために脇に追いやっている人が、実はあなたにとってもっとも大切な人である場合が少なくないのである。

毎週土曜日の夜、同じ午後6時に、私たちはＲＲ（Relationship Review 人間関係の点検）を実施している。これは実は、２００９年10月「サクセス」誌のために私が行ったインタビューで、人間関係の専門家リンダとリチャードの夫妻が教えてくれたいくつかの訓練から私が選んだものだ。彼らと時間を過ごしている間、前の週うまくできたことやできなかったことと同様に、人間関係にとって不可欠な調整作業について話し合うことにした。私たちは前の週に、少しでも相手を評価できる点を互いに話し合うことで会話を始めたのだ――気分がよくなることを最初に話すのがプラスになるのだ。

次に、ジャック・キャンフィールドとのインタビューで教えてもらったアイデアを利用して、私たちは互いに「（10点満点の）1点から10点で採点すると、今週、私たちの人間関係はどれくらいの評価か？」と質問する。この状況では、今週、人間関係がうまくいったかどうかの議論が生まれる。そうだったの、という言葉が口につく！　次に、さらに質問を追加する必要がある。人間関係の調整作業について話し合うのだ。そこでは、「あなたの経験を10点満点にするには何が必要か？」と質問する。議論を終えるまでには、どちらも相手の話を聞いてもらい、互いに認めてもらっているのを感じる。翌週に向けて、自分たちの観察や願望ももっとはっきりさせておくのだ。これは驚くほど役に立つ方法だ。ぜひみなさんにも実行することをお勧めする……勇気を出してやってみよう！

毎月、妻と私は今までとは違う、記憶に残るようなイベントを計画に入れておく。ジム・ローンは、人生は経験を集合したものにほかならないことを私に教えてくれた。私たちはより素晴らしい経験を増やしていく努力をしなくてはならないのだ。月に1度、私たちは記憶に残るほど強烈な経験を味わうようにしている。その出来事とは、山にドライブに行ったり、冒険的なハイキングをしたり、ロサンゼルスに出掛けて新しいおしゃれなレストランに行ったり、湾内でヨットを楽しんだりすることかもしれない――それはどんな出来事でも構わない。心を震わせてくれる経験を味わって、忘れられない記憶を創ってくれる、いつもとは違うなにかを実行するのである。

3カ月に1度、私たちは2、3日、休養する計画を立てる。それはすべての目標や生き方のパターンを点検して、人間関係の状況をより詳しく、調べる機会を与えてくれる素晴らしい時間だ。次に、特別な旅行休暇、さらには祝日や新年のハイキング、目標設定の儀式なども用意してある。このすべてを計画したなら、何をしたらいいのかいちいち考える必要もなくなる。すべてが無理なく進行してくる。こうして私たちに勢いをつけてくれるリズムが作り出されたのである。

リズムを記録しよう

私が作成した、1週間の行動のリズムを記録する方法を教えておこう。私が「リズム記録」と呼んでいるこの方法は、かならず役立ってくれるはずだ。もっと歩いたり、もっと水を飲んだり、配偶者とさらに愛を確めあったり、それがなんであれ、自分の目標に向けて動き出す決意をしたなら、記録を作成してその目標に沿ったリズムをしっかり確立するようにしよう（表10参照）。

週刊計画、活動、点検、そしてその改善と同時に、週のリズム記録は、「今までで最高の1年を実現する」達成管理システムとは切っても切れない部分だ。www.SUCCESS.com/BestYearEverでコピーを手に入れよう。

生活のリズム

新しい努力を始めるとき、人間は必ずと言っていいほど無理をするものである。もちろん、成功を目指してリズムを作り出すことにワクワクしてもらいたいと思っている。しかし見直しをすることなく、ずっと積極的に実行していけるプログラムを見つけなくてはいけない。今週、今月、またはこれからの3カ月間に実行するリズムについて考えるのではなく、残りの人生の間、実行できるリズムのことを考えてほしい。複利効果、すなわちあなたが人生で実現したいと望んでいる積極的

表10　1週間のリズムの記録［例］。

約束とはやると言ったことを実行することである。それを言ったときの気分がなくなってしばらく経ってもそれは変わることはない。　日付範囲：＿＿＿＿＿―＿＿＿＿＿＿＿

行動／活動	月	火	水	木	金	土	日	達成	目標	結果
3つの追加訪問	×			×	×			3	5	<2>
3つの追加プレゼンテーション		×		×				2	3	<1>
30分間の有酸素運動		×			×			2	3	<1>
筋力トレーニング	×	×		×				3	3	(^^)
良書を10ページ読む	×	×		×	×			4	5	<1>
教育オーディオを30分聞く	×	×	×			×		4	5	<1>
5リットルの水		×	×	×		×	×	5	7	<2>
体にいい朝食を取る	×	×		×		×		4	7	<3>
子どもと遊ぶ	×			×		×		3	4	<1>
妻との夜のデート					×			1	1	(^^)
祈祷／瞑想		×	×				×	3	5	<2>
日記	×		×		×	×	×	5	5	(^^)
							合計	39	53	<14>

結果は、長い時間をかけて、繰り返し一貫して下した賢明な選択（行動）の結果、生まれてくるだろう。適切な措置をつねに講じたとき、勝利を手にできるのである。しかし、無理をしたり、早まった行動をすれば、失敗のお膳立てをすることになる。

「サクセス」誌のチームにいる友人（罪の意識を覚えたりしないよう名前は伏せる）は、私がツイッターに出した写真に太った自分が写っているのを見た後で、体を鍛える決意を固めた。これは彼にとってライフスタイルの大転換だった。1日、少なくとも12時間、彼は仕事で座りっぱなしの生活をし、運動それ自体大嫌いだった。以前は、なにか物を手に取るために、しゃがんだり、かがんだり、お皿を使ったり、ファイルを取り出したりしなくてもすむ方法を見つけたと自慢していたほどだった――それほど体を動かすことが嫌いだったのである。しかし、そんな彼が体を鍛える決意を固めた。彼はジムに入会し、個人トレーナーまで雇い、週に5日、2時間運動を始めた。「リチャード（仮にそう呼んでおく）。そんなに努力は続けられないよ。結局、やめてしまうことになる。こんなやり方は失敗のお膳立てをしているようなものだ」と私は諫めた。すると彼は言い返し、絶対に変えて見せる、と断言したのである。トレーナーもこのやり方を大いに勧め、「必ず腹筋が割れるようになる」と言っていたのだ。

「リチャード、君の目標は何だい？」と私は尋ねてみた。私は彼が「メンズ・フィットネス」誌の表紙に飾ることを最大の目標にしているわけではないことは分かっていた。

「痩せて、健康になること」と彼は答えた。「その理由は？」と私が尋ねると、「体力が必要なんだ。自分の子どもに孫を作ってもらうまでは長生きしたいと思っている」。この言葉が彼のほんとうの重要な動機だったのだ。リチャードはずっと前からそう願っていたのだ。夏にビキニのパンツをはくためではなく、ずっと元気でいたいというのが本音だったのである。

「分かったよ」と私は頷いた。「納得した。頑張りすぎてはいるけど、これから2、3カ月は今の状態でも持つだろう。でも〝2時間も運動する時間がないから、今日は無理だ〟と言い始めれば、たちまちこの言葉が何度も繰り返されることになるだろう。週に5日の練習も2、3日になってしまうはずだ。そうなるとやる気をなくして、すぐに運動をやめてしまうことになる。今は、やる気満々だから実行できるだろう。週に5日、2時間ずつ実行してごらん。〝車輪を惰性から動かすようにするためにはたくさんの蒸気が必要〟だからね。でもそれでは、2、3カ月以上は続かない。だから、運動は1時間か75分に減らしてごらん。そしてやろうと思えば週5日できるだろうけど、まずは4日に減らしてみたほうがいい。そのスケジュールを2、3カ月続けてごらん。次に、練習を週3日1時間ずつやることにするんだ。もしそれで余裕があるようなら週4日にする。きみに勧めるのはこのプログラムだ。最初から続けることが難しい計画にしたら、絶対にやめてしまうからね」

リチャードになかなか理解してもらえなかったのは、その瞬間、彼がやる気満々だったせいだ。この新しいルーティンを生涯続けたいと、彼は考えていたのだ。週に5日×2時間では、運動を続けるトレーニングをしたことのない人なら、間違いなく途中でやめてしまう。あなたは5週間や5年間ではなく、50年間実行できるプログラムを組み立てなくてはいけない。しばらくの間でも元気でいるのは結構なことだが、少しずつ練習が減っていくような状況では明るい兆しは見えなくなってしまう。だから、ルーティンワークを、絶対に実現の見込みのない週5日2時間ずつではなく、週に数回、45分～1時間に減らすのが賢明なのだ。忘れてならないのは、一貫性を保つことだ。それこそが成功を実現する決定的要素であるということである。

一貫性の持つ力

人より競争で優位に立てるようにしてくれる規律がひとつあるとするなら、それはやり抜く力である。一貫性が欠けることほど、たちまち勢いをなくしてしまうものはない。優秀で、情熱もあり、野心的で、善意に満ちた人であっても、一貫性という点に関しては物足りない面がある。しかし一貫性こそ、目標に向けて飛び立つために利用できるもっとも有力な道具なのである。

次のように考えてもらいたい。ロサンゼルスからニューヨークまで飛行機で行くとき、たとえ時速800キロでも州ごとに飛行機を離着陸していたとするなら、時速320キロで着陸なしにまっすぐ飛んだほうが、はるかに早く目的地に到達することができるだろう。あなたがこのように離着陸を繰り返しているような真似をしていたなら、勢いを取り戻すために使う時間とエネルギーは少なくとも10倍は必要になるだろう。実際、それでは十中八九はうまくいかない――あなたの燃料（つまり、エネルギー、意欲、信念、意志）はある時点で尽きてしまうのである。一度離陸したら、途中ずっと一定の速度を持続することが、（ほかの人より歩みはゆっくりでも）エネルギーをはるかに簡単に、大幅に節約するために必要なことなのだ。

井戸のポンプ

ルーティンを怠けたり、リズムが遅くなったりすると、一貫性が失われていくせいで、被害が甚大になることを考えに入れよう。そうすると、ひとつの活動や小さな結果の損失ではすまなくなってしまうのである。あなたの進歩のすべてを妨げる完全な失敗となり、勢いを奪ってしまう。

手押しポンプの井戸を考えてみよう。このような井戸はパイプを利用して、地下数メートルにある水を汲み上げている。地表や噴出口から水を運んでくるための吸引力を作り出すには、井戸のレバーで汲み上げる必要がある。図11を見てもらいたい。

ほとんどの人は新たなことを試みようとするときには、レバーを握って、実際にポンプを勢いよく動かしていく。リチャードの健康についての計画とまったく同様に興奮し、熱心に取り組んでいくのだ……そして何度も何度も汲み上げる。ところが、数分後（または数週間後）には、レバーをぴたりと止めることになるだろう。水をパイプのなかに吸い込むのには真空状態をつくる必要がある、そうすることで、水は注ぎ口からバケツに入っていくのである。まさにメリーゴーラウンド、宇宙船、蒸気機関が惰性から解き放たれるように、水を汲み上げるには、時間、莫大なエネルギー、一貫性が必要だ。ほとんどの人は水が少し出た時点でこの勢いを止めてしまう。しかし、賢い人は汲み上げ続けるのである。

図11　一貫性を持つことが、勢いをつけて、それを維持していくための鍵である。

我慢して、レバーを動かし続けていけば、数滴の水が手に入れられる。しかし、この状況に立たされるときこそ、多くの人が次のように口にする瞬間なのだ。「俺をばかにしないでくれ！　こんなに全力で汲み上げて、それで——わずか数滴の水か。もうごめんだ！」。ここで、大多数が白旗を挙げて、動かすのをやめてしまう。でも賢い人はあくまで貫き通す

のである。

やり抜くことで奇跡が起こる。あなたも汲み上げ続けたとするなら、流れが途切れることなく、ほどなく十分な水の流れを手に入れられるようになるのである。あなたは成功できる！　水が流れているなら、ハンドルはそんなに素早く激しく動かす必要もなくなっていくのだ。実際に、楽に汲み上げられるようになるのだ。圧力を保っておくには、レバーを〝一貫して〟動かし続けさえすればいい。それが複利効果を生み出してくれるのである。

今、あまりに長く、手からハンドルを離したとしたら、どうなってしまうだろう？　水は地下に下がり、振り出しに戻ってしまうことになるのだ。そうなるとレバーを楽に一定に動かして汲み上げようとしても、水はまったく手に入らないだろう。勢いを失ってしまうのだ。水は地下にあるので、再び汲み上げようとするには、もう一度実際に激しく強くレバーを動かさなくてはいけない。

それがほとんどの人間がときどき思い出したように、自分の人生でやっている姿なのである。新しいビジネスベンチャーを始めても、休暇がくるとやめてしまうのだ。1日10本の電話訪問をするというルーティンを始めても、多少お金ができると、元通りにさぼってしまう。「デートの夜」を設けるという新しいルーティンを作り、ワクワクした気分に浸ったが、数週間後の金曜日の夜は、動画配信サービスのネットフリックスを見ながら、カウチの上でレンジで作ったポップコーンを食べている。新しい本を買ったり、新しいプログラムやセミナーに申し込んだりして、2週間か2カ月間は、寝食を忘れて頑張って読書している姿はよく見かけるものだ。しかしその後結局、もとの状態に戻ってしまうのである（そんな覚えはないだろうか？）。

ジムでの運動、配偶者への愛に満ちた仕草、電話訪問など――望んでいたルーティンをすべてわずか2週間でやめてしまったなら、この2週間が創り出した成果を失うだけでは済まないのだ（ほとんどの人は甘すぎる）。失うのがただそれだけなら、大した損害にはならないだろう。しかしほんの短時間でも、力を緩めたなら、あなたは勢いを失ってしまうのである。それで万事休すだ。それはまさに悲劇なのである。

競争に勝つためにもっとも重要なのは、ペースを保つことである。〝カメ〟になってもらいたい。時間がたっぷりあるなら、前向きな習慣を持ち、きちんと行動に移せば、どんな競争でも、周りの人間を打ち破ることができる。一貫することが、あなたの勢いをいっそう増してくれるだろう。頑張ってもらいたい！

適切な選択をし、きちんとした行動を続け、完璧な習慣を実行して、一貫性を保ち、勢いを維持していくのは、言葉では簡単でも、行動するとなると難しいものである。とりわけほかの数億の人々と分かちあっている、ダイナミックで、絶えず移り変わっていく、刺激的な世の中では、それが当てはまるものだ。次章では、（ほとんど知られていない）成功する能力を助けもするが、妨害する場合もある多くの影響を話題にしていく。このような影響は伝播力が強く、心を引き付け、やはり一貫しているものだ。この影響をうまく活用する方法を学んでいくことにしよう。学ばなくては、結局、あなたは負けることになってしまう。では次章ではその方法をお伝えしよう。

複利効果をあなたのために役立てる

【行動ステップの要約】

↗ 朝と夜のルーティンを作ろう。あなたの人生にとって予測できる、絶対確実な、申し分のないルーティンスケジュールを作り上げよう。

↗ あなたの一貫性のない3つの領域を挙げよう。これまで、そのように一貫性が不足したために、人生で損したこととは何だろう？

↗ 巻末の「1週間のリズム記録」を使って、自分の新しい目標に関する6つの鍵となる行動を書き留めよう。この鍵はあなたのリズムを確立し、勢い――決定的な勢い――を創り出してくれるものでなくてはならない。「リズム記録」は、www.TheCompoundEffect.com/free からも入手できる。

↗ リズム記録を含む完璧な達成管理システムのために、「the Living Your Best Year Ever program 過去最高の1年を実現するプログラム」をwww.SUCCESS.com/BestYearEver から。

第5章　影響

Influences

できれば、今、自分の選択がどれほど重要なものなのかきちんと理解してもらいたい。重要とは思えないような選択でも、複利効果が働いてくれれば、あなたの人生に絶大な影響を及ぼす可能性がある。人生に起こってくる出来事の責任はすべて自分にあるという事実はすでに論じておいた。自分の下す選択や利用してきた手段でどうなるかは、すべて自分に責任があるのだ。とは言え、自分の選択、行動、習慣が外からの強い力に大きな影響を受けていることは知っておく必要がある。ほとんどの人は、このような力が人生に及ぼしている微妙な支配力には気づかずにいる。目標に向かってつねに前向きに進んでいくためには、成功に向けての行程の邪魔ではなく支援として、このような影響を理解し、自ら管理しておく必要があるだろう。誰もが3種類の影響を受けている。それはインプット（あなたの心に与えられるもの）、関係（時間をともに過ごす人間）、環境（あなたを取り巻く状況）の3つである。

Ⅰ．インプット：ゴミを入れればごみデータしか出てこない

体調を絶好調にしたいのなら、最も良質な栄養素を消費し、ジャンクフードを食べないように注意しなくてはならない。同様に、脳を最高に活性化させたいのなら、脳に届けられる情報にもっと気を配る必要がある。あなたは脳にニュースの概要やひどく退屈でつまらない連続ホームコメディーを見せていないだろうか？　センセーショナルな記事を扱っている大衆誌を読んでいないだろうか？　それとも「サクセス」誌を読んでいるのか？　あなたにインプットされる情報を管理することが、あなたの生産性と結果に測定可能な影響をじかに及ぼしているのである。

インプット情報の管理がとくに難しい理由は、それらが無意識のうちに与えられることが多いからだ。考えずに食べることはできる。しかし食事は口のなかにひとりでに飛び込んでくるものではないので、体の中に入れる食べ物に注意を払うのはさほど難しいことではない。しかし、不適切で、非生産的で、明らかに有害な情報から脳を守るためには、食事以上に用心しなくてはならない。つまり、創造力を妨げる恐れのある情報をえり分けて、見張っておくには、まさに終わりなき戦いが必要になるからだ。

脳はあなたを幸せにするようには作られていない。頭にあるのはたったひとつの問題だけなのだ。それは生き延びることである。脳はいつも「欠乏と攻撃」の兆しを監視していて、あなたを傷つけようとするあらゆるもの、否定的なもの――徐々に減っていく資産、破壊的気候――を見つけ出すように設計されている。だから仕事に行く途中、ラジオのスイッチを入れて、強盗、火災、攻撃、経

済的失策などあらゆる報告が流されていると、脳は加熱していくのだ――そのとき、恐怖、不安、否定がたっぷり与えられると、一日中くよくよ考えて過ごすことになるのである。一日の仕事を終えた後、夜のニュースを見るときも同じことが言える。悪いニュースをもっとたくさん見ると、状況は完全に整ってしまうのだ！　これであなたは、一晩中くよくよ悩みながら過ごすことになるだろう。

好きなようにさせておくと、あなたの精神は昼も夜もずっと、拒絶、不安、恐怖と取引することになってしまう。私たちは自分のＤＮＡを変えることができないが、行動は変えていくことができる。人間の心を「不足と攻撃」以外の感情に置き換える方法を学習することはできるのである。その方法とはなんだろう？　自分の精神を守って、心に栄養を与えることはできるのだ。人間は自分にもたらされるものを管理し、先手を打って優れた行動を実現するようにしていけるのである。

@　情報と環境があなたに及ぼす影響を明確にするために、巻末の「インプットの影響」シートを完成するか、www.TheCompoundEffect.com/free をダウンロードしてほしい。

汚い水を飲んではいけない

人生のなかで手に入れているものは、あなたが創り出したものなのだ。期待を抱くことで創造の営みは駆り立てられる。「あなたが期待している」ものは何だろう？　あなたが考えているものはすべてあなたが予測しているものだ。あなたの思考過程、頭のなかでの会話は、人生のなかで何かを創り出すための基礎なのである。だからまず、「あなたは何を考えているか？」と尋ねよう。あなたの思考に影響を与え、導こうとしているものは何なのか？　その答は、聞いたり、見たりすることのできるすべてのものだ。これがあなたの脳に提供されているインプットなのである。それだけのことなのだ。図12を参照してもらいたい。

あなたの精神は空っぽのグラスのようなものだ。グラスには、注がれたものはなんでも中に入れてくれる。スキャンダラスなニュース、わいせつな見出し、トークショーの暴言をそのまま入れるのは、汚い水がグラスに注がれるのと同じことだ。グラスに、黒ずんだ、陰気で不潔な水を注いだなら、あなたが創り出すあらゆるものはこの汚水と同じように濁っているだろう。なぜなら、あなたが考えようとしていることも同じようになってしまうからだ。ゴミのようなデータを頭に注ぎ込まれたなら、ゴミのようなデータしか出てこない。通勤時間帯にラジオから流れてくる、殺人、陰謀、死、経済、政治闘争を伝えるニュースはすべて、あなたの思考過程を操作して、活発に予測させ、何かを創造させようとする。よくないニュースだ。

しかし汚い水とまったく同じように、十分に長い蛇口の下で、清潔で、きれいな水をグラスに勢

図12　積極的でためになるアイデア（きれいな水）で、否定的なアイデア（汚い水）を流し出そう。

いよく流したなら、結局、グラスの中身は汚れのない、きれいな水に変わっていくだろう。きれいな水とはどういうものだろう？　積極的で、勇気を与え、役に立つインプットとアイデアのことである。それは強い願望の物語である。障害を克服して、素晴しい成果を成し遂げる人物が描き出してくれる物語のことだ。それは成功、繁栄、健康、愛、そして喜びを創り出してくれる戦略である。もっと豊かさを創り出し、さらに成長し、拡大し、器の大きな人間になるためのアイデアであり、世の中を清く、正しく、美しくするものの例であり、物語なのだ。私たちが「サクセス」誌に力を注いでいる理由もそこにある。

その例を挙げておこう。世界観、自分自身、創り出した結果を改善させていくために利用できる例、内容、その鍵となる重要な情報を提供していくことにしていこう。そのために私は朝と晩に30分間、自分に勇気を与えてくれたり、利益になる文章を読んだり、自己啓発のCDを車中でかけたりしている。それが自分のグラスに水をぐっと飲み、精神に栄養を与えてくれるのである。このようなことをすれば、目を覚まして最初に新聞を読み、仕事の行き帰りの通勤時間にラジオニュースを耳にし、寝る前に夜のニュースを見ている人より、優位に立てるようになるだろうか？　もちろんである。そう断言する！　あなたにもかならず役に立ってもらえる。

ステップ1：警戒する

洞窟や無人島に身を隠す決意でもしなければ、グラスの汚い水を飲むはめになるだろう。空港のなかを歩いている間は掲示板やCNNを見たりするし、雑貨類を買っているときはレジでセンセーショナルな話題で人目を引こうとする大衆誌の見出しを目にすることになるだろう。友人、家族の一員、そして自分の否定的な精神からも同じ汚い水がグラスにどっと注ぎ込まれてくるかもしれない。

しかしその汚れをすべて取り除くための措置を取ることができないというわけではない。売店のレジに積み重ねてある大衆誌はいやでもあなたの目に入るが、その予約購読を取り消すことはできる。仕事の行き帰りにラジオを聞くのをやめて、代わりに役に立ったり、感動を与えてくれるCDを聞くことはできる。夜のニュースをやめて、代わりに自分の愛する人と話すことができる。DVRプレーヤーを買って、教養を高め、人生を肯定してくれる番組だけを録画することができる――録画するなら、自分は不十分だとか、不足しているとか感じさせて、モノを売ろうとするくだらないコマーシャルを早送りすることが可能だ。

私は実際にテレビを見て育ったわけではない。「ソリッド・ゴールド」や「Aチーム」（覚えているだろうか？）を見ていた記憶はあるが、テレビは家族にとって重要な存在ではなかった。別にテレビがなくても、成功はできる。たまにテレビ番組を見ていると、このような思いがはっきりしてくる。確かに、連続ホームコメディを見て一緒に笑ったりはするが、見た後はファストフードを食べたときと同じ――太って、栄養不良になったような気分にさえなってしまうのだ。さらに、私はコマーシャルがいかに私たちの心理、恐怖、苦痛、欲求、弱みを食い物にしているのか、驚かずにはいられない。今の自分では十分じゃない――あれとこれを買う必要があり、ほかのものもあったほうがいいと考えながら人生を歩んで行けば、どんなひどい結果が出るのか予測もつかない。

12歳以上のアメリカ人は、1年間にテレビを1704時間見て過ごしている。それは1日平均4時間40分。起きている時間の30パーセントはテレビを見て過ごしている計算だ。毎週約33時間――つまり1日以上をテレビに使っているのである。1年のうち2カ月はテレビを見ていることになる。なんということだろう！　これでどうやって人生で成功など望めるだろう？

"マスコミダイエット"をしよう

マスコミは私たちを人質にして、繁栄している産業だ。数キロの間、交通渋滞のためフリーウェイで車がなかなか進まなくなったことがあるだろう。「これでは遅刻だ。いったい何が交通渋滞の原因になっているのだろう？」。案の定、最終的に現場に近づいても、なにも物理的に車の流れを止めるような障害物は見当たらないのに気づく。しばらく前に、衝突事故が発生していて、事故車がフリーウェイの傍らに移動させられていた。実は、時速5キロののろのろ運転は、見物渋滞が原因だったのである。今、あなたは実際にイライラしている。しかし車が衝突現場を通り過ぎるとき、いったい何をしていただろう？　あなたは車の速度を落として、道路わきに目を逸らして、事故車を見ていたのである。

なぜ善良で、常識も踏まえた人が、悲劇的だったり、奇怪だったりするものを見たがるのだろう？　その原因は先史時代の人類の自衛本能にまで遡る。それは人類の遺伝子の遺産であり、私たちはどうすることもできないものである。たとえ否定的なことをいつもうまく避けていて、徹頭徹尾、積極性を養うように訓練されていたとしても、人間の基本的本能は、煽情的なことには抵抗できないのだ。メディアの支配者はこの人間の本能を理解している。多くの点であなたよりその本能をわきまえているのである。マスコミはつねに衝撃的で、煽情的な見出しを使って、人々の関心を惹こうとしている。しかも、現在では、3つのニューステレビやラジオのネットワーク、そして少数の新聞だけでなく、24時間絶えずニュースを流している何百もの媒体が存在し、情報発信源が無数に誕生しているのだ。あなたの関心を得ようとする競争はとんでもなく熾烈な状態になっている。マスコミはいつも広告料を吊り上げようとニュースの衝撃度を高くしている。そのほとんどが毎日、世の中に発生する10余りの凶悪で、スキャンダラスな、犯罪、殺人などの救いようのないニュースを掘り出してくるのだ。そして何度もこの類のニュースを新聞、ニュースチャンネル、ウェブサイトを通して露出させている。その同じ24時間には、何百万もの素晴らしかったり、美しかったりする信じられないほどのいい出来事が生まれているのである。ところが私たちはこのような素晴らしいニュースを耳にすることはほとんどない。否定的な側面を探し出すのに夢中になると、このような出来事に関する需要がますます高くなっていってしまう。どうすればいいニュースで視聴率や宣伝費といった面で競争できるようになるだろう？

フリーウェイの話に戻そう。そこで目撃したのが道端の事故車ではなく、かつて見た中でもっとも魅力的で、得も言われぬ日没の風景だったとしたらどうだろう？　すると、交通状態はどうなるのか？　私は何度もこのような素敵な景色を目にしてきた。そうすれば、事故車のそばをさっさと通り過ぎるはずである。

マスコミの持つ大きな危険は、世の中にひどく誤った考えをまき散らす可能性だ。なぜなら伝えているメッセージは否定的な面に集中し、繰り返されているので、人々がそれを信じ込んでしまうからである。この役に立たないニュースの持っている、歪んだ偏ったものの見方は、あなたの素晴らしい潜在能力にひどい悪影響を及ぼす。その力は破壊的にまでなってしまう恐れがあるのである。

私の個人的〝ろ過装置〟

心を守るために私が実行していることを伝えておこう。しかし注意しておくが、私の精神のダイエット手段は厳格だ。あなたは自分の好みに合わせて、このダイエットを調整したいと思うかもしれない。しかし、これから紹介するのは、厳しくとも、私にとって非常に役に立ってくれた手段なのである。

恐らくあなたが想像している通り、私はニュースを〝まったく〟見聞きしないし、新聞やニュース雑誌も読むことはない。すべてのニュースの99パーセントは、私の個人的な人生や目標、夢、野心には直接的関係はないのである。私は自分の重要な関心や目標、目標にふさわしいニュースや産業の最新情報を知らせてくれる少数のＲＳＳフィードを設定している。私に役立つのは、グラスの水に泥が入り込まないように、汚れを取り除く役割を果たしてくれるニュースだ。ほとんどの人は、自分の考えを妨げたり、精神を破壊する類の不適切なゴミ情報を数時間ふるいにかけているが、私の場合は、１日15分足らずで、必要な時に、求めている重要な情報を手に入れることができるのである。

ステップ２：運転時間を活用する

否定的な情報を削減するだけでは十分ではない。前向きな方向に向かって歩いていくためには、汚れたものを流し出し、きれいなものでそこを満たさなくてはならない。私の自動車はふたつのものがなければ動いてくれないだろう。それはガソリンと、運転するときに耳を傾けるためにいつも置いてある教育用ＣＤのライブラリーである。平均的なアメリカ人は、年に約２万５０００キロ運転している。そして運転中の３００時間に、自分の中の濁りを洗い流すことができるかもしれないのだ。ブライアン・トレーシーは、車を動く教室に変えることを私に教えてくれたのである。このように、運転中にこの教育用ＣＤを耳にすることで、大学の上級学位の２学期分に匹敵する知識を──

—毎年——獲得することができたのだ。次のことを考えてもらいたい。運転する時にラジオに耳を傾けることで、現在、無駄にしている時間の代りに、リーダーシップ、セールスの成功、富の蓄積、人間関係の改善——あなたが選んだ講座すべて——の博士号に値する知識を手に入れることができるだろう。あなたの読書のルーティンとともに、この——一度にひとつのCD、DVD、本といった——努力をすることで、あなたは平均的な人々から区別される存在になれるはずだ。

II．関係：誰があなたに影響を及ぼしているのか？

同じ羽の鳥は群れをなす（類は友を呼ぶ）。習慣的に付き合っている人のことは「レファレンス・グループ（準拠集団）」と呼ばれている。ハーバード大学の社会心理学者デビッド・マクレランド博士の研究によると、この準拠集団が人生で成功するか失敗するかの、95パーセントを決定しているのである。

ほとんどの時間、あなたと一緒に過ごしているのは誰だろう？　あなたがもっとも尊敬している人は誰なのか？　これらの質問のふたつの集団は同じ人たちなのか？　もし違うとするなら、なぜなのか？　ジム・ローンは、人間はもっとも頻繁につきあっている5人を合計して平均した人物になると教えてくれた。ローンは自分の周りの人を見ることで、健康、態度、収入といった性質を話すことができると言っていたのである。私たちが一緒に時間を過ごしている人は、自分がもっとも関心の中心となっている問題や、定期的に表に出す態度や意見を決定しているのだ。結局、私たちは、一緒に過ごす人と同じものを食べるようになり、同じ話題を話すようになり、読むもの、考えること、見ることも似てくるのである。人の扱い方や着ている服さえ似てきてしまう。しかし奇妙なことだが、このような5人と自分の間の類似性や絆については、自覚していない場合が多い。

どうして気づけないのだろう？　このような関係が無理やり創り出されたものではないからである。時間をかけて、あなたはさりげなく引きずり込まれているのだ。一緒に過ごすことの多い人たちの影響はとらえがたい。それは、大海に浮き輪で浮かんでいるような感じなのだ。空を見上げて、穏やかな海流に漂っているので、1キロ先にある海岸が近づいているのが見えてくるまで、自分がその場所にただ浮かんでいるだけのように感じているのである。

油をたっぷり使った前菜や夕食前のカクテルを注文する友人について考えてみよう。それが友人の食べ方なのだ。一緒に彼と過ごしているうちに、気がついてみると、自分までナチョ（チーズを溶かしトウモロコシや揚げ豆などを載せて焼いたメキシコ料理）やポテトスキン（ゆでたジャガイモにチーズとベーコンをのせた焼いたつまみ）を手づかみし、おまけにビールやワインのグラスも飲んでいる。こうなったのは相手のペースに自分を合わせているからなのである。しかし一方で、ほかの友人は体によい食事を注文し、感動する本や自分の仕事に対する野心について話してくれる。あなたもその行動や習慣に馴染んでいき、話してもらった本を読んで、互いに話題にするようになった。彼らが夢中になった映画を見て、勧められた場所にも出かけていく。友人があなたに及ぼした影響は微妙であり、前向きなものかも、消極的なものかもしれない。いずれにしても、この影響は信じられないくらい強い力を持っている。用心しよう！　否定的な人とつきあったなら、積極的な人生を送ることは期待できない。

では、時間のほとんどを一緒に過ごした5人の平均的収入、健康、または態度を兼ね合わせるとどうだろう？　その答に驚かされないだろうか？　もしそうだとするなら、どんなものであれあなたが望む特徴や能力を身に付けていく最高の方法とは、すでにこのような素晴らしい能力を持っている人とより多くの時間を一緒に過ごすことである。相手の影響力が足を引っ張っているか、役に立っているかが分かるようになるだろう。あなたが望む成功を手に入れるのに役立つ行動と姿勢を、自分の日常の一部にしていかなくてはいけない。自分の目標となる人としっかり付き合えば、人生のなかで同じように成功の果実を手にする可能性を高くしてくれる。

まだ実行していないのなら、まずは自分ともっとも付き合いのある5人の名前を書き留めよう。また、その人物の主なプラスとマイナスの特徴も同時に書き留めておこう。それが誰かは重要なことではない。おそらく、配偶者、兄弟、隣人、助手になるはずだ。では、彼らを平均して見てみよう。平均すると、健康、銀行預金高はどうだろう？　人間関係ではどうか？　その結果を見て、「このリストが私にとっていいものなのか？　自分が望んでいることなのか？」自問してみよう。

自分と多くの時間を共有している人物を再評価し、優先する順位を見直してほしい。このような人間関係はあなたを養ってくれているのか、それとも飢えさせているだろうか、それとも立ち往生させているだろうか？　誰と時間を使っているのか慎重に考えようとするなら、もう少し深く掘り下げておくべきだ。ジム・ローンが教えてくれた通り、それにはあなたの人間関係を3つの種類で評価して、変更を加えておくのが効果的である。その種類とは断絶、関係の制限・拡大である。

@　あなたの現在の人間関係を評価するために、巻末の「交友関係の評価」シートを完成させるか、www.TheCompoundEffect.com/freeをダウンロードしてほしい。

断絶

親であるなら、子どもがさらされている影響や子どもが付き合っている人物には警戒するだろう。そのような人物から、子どもがどのような影響を受け、そこからどのような選択を下すのか、気づくようになるからである。この同じ原理は、自分自身にも適用すべきだと、私は確信している。あなたにはすでに、縁を切らなくてはいけない人物がいるはずだ。きっぱりと断絶しよう。それほど簡単にできることではないが、これはぜひ実行しなくてはならない。自分にマイナスの影響を及ぼさせないという決意を固めなくてはいけないのである。自分がどのような人生を実現させたいのか、決めなくてはいけない。次にそのような理想の人生観を象徴する、自分を支えてくれる人物と付き合うようにすべきだ。

私は成長を拒否して、前向きに生きていこうとしない人間を、自分の生活から外している。人との繋がりを深くしたり、変えたりすることが、生涯に渡ってあなたが実行すべき作業なのである。厳しすぎると言う人もいるかもしれないが、自分はもっと積極的にこの方針を実行しようと思っているのだ。私は心から好きな人と仕事をしていた。しかし、仕事が思わしくなくなると、その人物の会話のほとんどは、現状がどれほど悲惨か、会社がどれくらいその打撃を感じているのか、といった内容に終始するものだ。そして世の中が厳しいと愚痴ってばかりである。私はこう忠告した。「ねえ、人生がうまくいかないと言い続けるのはやめてくれないか。まるで〝人生は厳しい〟という君の信念のための証拠集めのように聞こえる」。彼はすべてのことが以前よりうまくいかず、この状況はどうすることもできないと、言い張るのだ。私はこの調子では一緒に仕事はできないと決意した。

長い付き合いに区切りをつけるという難しい決断を下すと、相手はあなたにけんかを吹っかけてくることに気づこう――とりわけ、あなたと近い関係にある場合は。もっと積極的に、目標を目指す人生を送る決意をすることで、自分が間違った選択をしていることを指摘されることになるだろう。相手はあなたに不快感を示すことで、自分の低い水準にあなたを合わせようとしてくるかもしれない。このような抵抗を試みるのは、あなたを愛していないからでも、あなたに最善のものを求めさせようとするからでもない――実際にはその抵抗の正体とは、あなたとはまったく関係がないのだ。それは自分がお粗末な選択をして、規律を乱していることに対して、自分自身、危機感を抱いているからである。つまりはあなたをその罪の意識の道づれにしたいのである。人との縁を切るのは簡単なことではないと知っておいてもらいたい。

関係の制限

3日ではなく3時間、一緒に過ごせる人は何人かいる。3時間ではなく3分、一緒に過ごせる人もいる。付き合いによりどの程度影響が及ぶのかは分かりづらいという事実を、いつも忘れないことだ。文字通りでも比喩的な意味でも、一緒に歩いている人が、あなたの歩く速さを遅くも早くもできるのである。同じように、あなたが一緒に過ごしている人の態度、行動、振る舞いにもあなたは影響を受けざるを得ないのである。

その人物が自らに示している行動や態度から、自分がどれくらい影響を受けていいのか判断しよう。それが難しいことは分かっている。私は何度か、この作業を行う必要があった。これは親しい家族にもやってみた。しかし、他人の行動や態度が、私にとって大きな打撃となっているのを見過ごすことはできないのだ。

私には3分間なら一緒にいられる隣家の友人がひとりいる。3分間楽しいお喋りをするが、3時間一緒にいることはない。高校時代の旧友と3時間付き合うことはできるが、3日一緒にいるのは無理だ。数日間、付き合うことのできる人間の数は増えたが、夏期休暇にまでその日数が延びることはないだろう。あなたの人間関係を眺めてごらんなさい。3分間の付き合いの人とは3日も時間を使ったりしないように心掛けよう。

広がる関係

悪い影響を取り除くことについては今話しておいた。この作業を行っている間に、一方では、交際範囲を広げたくもなったことだろう。あなたが改善したいと願っている人生の領域のなかで、前向きな性質を持っている人――あなたが望んでいる金銭や仕事で成功を手にした人物を確認しよう。あなたが理想とする子育ての技術を持っていたり、あなたがぜひ実現したい人間関係、ぜひ実行したいライフスタイルを築き上げている人物がいることと思う。このような人ともっと時間を共有することだ。このような長所を持つ人々が集まって交流している組織、企業、健康クラブに参加するようにしよう。では次に、かつて私が少し遠い街まで運転するときに利用した、素晴らしい――しかも思いのほか有益な――時間の過ごし方をお伝えするとしよう。

私が本書でジム・ローンを称賛したのは、父を除けば彼が私の最高の師であり、もっとも影響を及ぼしてくれた人物だからである。彼こそ私との人間関係を見事に広げてくれた典型的な人物だと言える。彼とは数回、個人的に食事をともにし、インタビューや、事前の控え室で時間をいただいたこともある。しかし、ジムとの時間のほとんどは、車の中で彼のCDに耳を傾けたり、居間で彼の本を読んだりして過ごしたものだ。私は1000時間以上も、ジムからじかに教育を受けてきたが、その時間の99パーセントが本やオーディオプログラムを通してのものだった。驚くべきことに、あなたの人生がどうであれ――小さな子どもと家で遊んでいても、年老いた親の世話をしていても、また長時間、ほとんど共通点のない人と働いていたり、最寄りのオフィスビルを引き払って田舎暮らしをしていても――あなたが求めている師とまず間違いなく出会えるのである。もしその人物が本、CD、DVD、ポッドキャストのなかに最高の考え、講話、アイデアを収めてくれていれば、そこから無限の報酬を引き出すことができるのだ。ぜひこの手段を使っていただきたい。

今より素晴らしい、より深い有意義な人間関係を築きたいなら、「自分が望んでいる人間関係を実現している人物は誰か？　その人物ともっと時間を過ごすにはどうすればいいのか？　自分にいい影響を与えてくれて、会うこともできる人物は誰か？」と尋ねてみるべきだ。あなたにとって輝いているその人物から影響を受けられるようにしよう。あなたの分野で最高の、もっとも素晴らしい成功を収めたと思える人物と友人になることである。彼らはどんな本を読んでいるのか？　昼食に何を食べているのか？　その人間関係はあなたにどのような影響を及ぼすだろう？　人脈づくりのグループの一員になりたいなら、トーストマスターズ（話し方、スピーチを学ぶ国際的非営利組織）やそれに類する組織に参加することで、人間関係を広めていく土台を作るようにすべきだ。そして、慈善団体、交響楽団、カントリークラブなど、自分が見習いたいと思う人物が参加している組織を見つけよう。

最高の仕事ができるパートナーを探そう

人脈を広める機会を増やすためのもうひとつの方法は、高い業績を上げた人物と手を組むことである。あなたと同じように研究や個人的成長に向け努力する人と協力することだ。手を組む相手は、信頼できる人でなくてはいけない。実際に、あなたに対する考えを遠慮なく話してくれる人物だ。その人物はおそらく長年の友人だろうが、あなたがまだ十分に知っていない人かもしれない。肝心なことは、偏見なく、正直に、第三者の視点を教えてもらうことだ（あなたも相手にそのようなことを与えることになるだろう）。

私の現在の「説明責任を持ち合うパートナー」は、親友のランドン・テイラーである。以前話した通り、私たちは毎週金曜日、1週間の勝利や敗北、苦境、〝ひらめき〟、そして成長計画での進展状況に関して話し合うため30分電話している。電話して、ランドンに説明責任を果たさなくてはいけないと意識することで、私は1週間、つねに格段の努力を続けられるのである。

ランドンの失敗や彼に必要な具体的な策を記録しておき、翌週には必ずその策について尋ねることにしている。彼も私に同じことをしている。こうして、お互いに責任を果たすことにしているのだ。彼は「先週、君は大失敗したね。その事実を認めて、変える努力をしてきた。あの困難な事態にどう対処したの？」といった質問をするかもしれない。それが人生というものだ。どちらも忙しいエグゼクティブだが、実際に、毎週必ず互いに説明責任を果たしている。それが簡単なことではないのは確かだ。一日中、飛行機に乗っていて、「ほんとうに、この義務を果たさなくてはいけないのだろうか？」と考えもする。しかし電話をしている最中に、「こんな会話ができてとてもうれしい」と考えることがときどきあるのだ。説明責任を果たす用意をして、その週の私の大きな成果と失敗について考えていると、自分自身についてもっと深く学ぶこともできる。今週、私はランドンに「知っているだろ。僕は非常にたくさんのことにかかわっているところだ。本も執筆しているし、たくさん気づいたこともあり、ひらめきもたびたび浮かんできた。でも、実際に、今君に話すべきことはひとつもないな」と口にした。すると彼は「どんなことをひらめいたか話してないじゃないか。そういう態度はやめようよ」と言う。ゴクリと喉が鳴った。「きちんと話してくれ」と彼は言いたかったのだ。それはもっともな意見だ。実際、私は相手をごまかそうとしたのだ。伝えなくてはいけないひとつのことを隠そうとした。

興味があるなら、あなたのために真剣な課題を提出しよう。ほんとうにその意見が聞きたいだろうか？　ばか正直と言えるくらい誠実に、あなたに気をつかってくれている人を探すことだ。そしてその人物に次のように尋ねてごらんなさい。「あなたにとって私がどのように見えているのか？　私の長所は何だと思うか？　自分がよくしていけるのはどの領域だと思うか？　自分を妨害しているものは何だと思うか？　私にもっとも役立つことを妨げているのは何だと思うか？　今、始めなくてはいけないひとつのこととは何か？」

指導者に投資しよう

ポール・J・マイヤーは、私にとってのもうひとりの師と言える人物だ。彼は２００９年、81歳で亡くなった。かつて難しい仕事だと思う時にはかならず、ポールを訪ねて行ったものだ――彼が私の現状をチェックしてくれたのである。彼が昼食前に実行したことに、私は度肝を抜かれた。そのときは彼とかなりの時間を費やしたが、それはその時間で、ポールは私の会社のひとつを買収し、私は彼の持つひとつの会社のための方針転換を建言したためだ。彼は私の人生に非常に大きな影響力を及ぼしてくれる存在だった。

2時間一緒に過ごした後に、ポールは自分が抱いているすべての計画、冒険的事業、活動について話してくれたから、私はめまいがしたものだ。彼が行動する内容をすべて理解しようとするだけで、私はへとへとになった。だからポールと過ごした後は、昼寝をしたくなったものだった！　しかし彼との関係は良好になっていった。彼の歩くペースは、私にとっては走るペースと言ってよかった。それが、自分の考えを広め、できるだけ大胆に活動し、野心を最大限に燃え上がらせてくれたのである。あなたにもポールのような存在が身の回りにぜひ必要だ！

師はできるだけ優れた人物であることに越したことはない。実業家でニューヨークタイムズ・ベストセラーの作家ハーベイ・マッケイとのインタビューの際、彼は次のように話してくれた。「信じてもらえるかな。僕には20人の師匠がいるんだ。演説、執筆、ユーモア、話し方などいろいろなコーチに教えてもらっているんだ」。いつももっとも成功した人間、実際に最高の業績を上げた人は、今でも、喜んで世の中でも指折りの優れたコーチやトレーナーを雇って、お金を支払っているという言葉を私は興味深く思った。業績改善のために投資すると、良い結果が生まれてくるのである。

師を探して雇うのに、仰々しい手段を取る必要はない。ケン・ブランシャードと対談した際には、師を雇うのは簡単だという説明を受けた（「サクセス」誌、２０１０年1月号）。「あなたが師について、覚えておいていただきたい最初のことは、多くの時間を使う必要はないということです。かつて私がもらった最高の忠告はごく簡単なことなのです。それは人と昼食か朝食をし、自分が取り組んでいることを話し、忠告を求めること。たったこれだけです。成功したビジネスマンはあまり時間を取ってはもらえないが、喜んで師になってくれることに驚くでしょう」

米大学バスケット史上最高のコーチと言われるジョン・ウッデンは、人は師になりたがっているという点を強調している（「サクセス」誌、2008年9月号）。「助言するということは、あなたの真の遺産になる。それは人に与えることのできる最大の遺産なのです。話はここで終わりではない。それは、あなたが毎日、目覚めるための理由です。生きるとは、教え、教えられることなのです」。ウッデンは助言は決して一方通行ではないと説明している。「人は進んで指導してもらうべき。自分を取りまく人から、人生と精神に感動を与えてもらい、鍛えてもらい、励ましてもらうのも私たちの責任なのです」

あなた自身の個人的諮問委員会を創る

気高い指導者と時間や交流を持つのと同様に、計画をより賢く、戦略的にして、もっと効果的に働くための一環として、私は個人生活のなかに「諮問委員会」を組織した。

私はこの委員会に10人余りを選抜した。選んだのは、専門知識や創造的思考の能力のある人、とても尊敬を集めている人々である。週に1回、私はメンバーのなかの数人と連絡して、アイデアを求め、彼らの考えを述べてもらい、意見や情報を分けてもらうのだ。この方法を始めたおかげで、私はすでに大きな利益を受け取ることができた――私が思っているよりはるかに大きな利益があったのだ！　驚いたことに誠実な態度で自分の関心を示してみせると、才能のある人は進んで教えてくれたのだ。

あなたならこの諮問委員会に誰を選ぶだろう？　自分の人生で望んでいる成功を達成している前向きな人物を探し出してもらいたい。次の格言を思い出してほしい。「あなたが、立場を入れ替えるのは絶対にごめんだと断言できる人物には、けっして忠告を求めてはいけない」

Ⅲ．環境：景色が変わると、見方が変わる

サンフランシスコのイースト・ベイで不動産を商売にしていたとき、私は非常に限られた人々のなかで暮らし、働いていた。言うなれば、それは同じ種類の人間が同じような活動をしている地域だ。だから、自分の理想的な地域を見つけるには、もっと上の階層の人々を見つけ出す必要があることに気づいた。

当時、世界でもっとも豊かで、美しい場所であるサンフランシスコ北部マリン郡のティブロンで、海沿いをドライブしたものだ。モナコに行ったことがあるなら、ティブロンに似ているのが分かる

が、モナコのほうがはるかに昔の空気が漂っている。ティブロンは壮観な景色の場所だ。私は波止場にある居心地の良いシーフードレストラン「サムズ」に通っていた。店の食事はとてもおいしい。しかしそれよりも自分にとって重要だったのは、このレストランが地域でもっとも裕福な住民に人気があったということだった。

この地での人との付き合いを広めるため、サムズに行く以外にも、私は波止場に腰を下ろし、丘の中腹を眺めていたものだ。私は崖から宙づりのような格好で建っている、数百万ドルの値が付いた家に魅了されていたのだ。そこにはとくにいつも私の目を引いたものがあった――エレベーター付き4階建ての青い家の上に設置されていたクジラの形をした避雷針だ。「非の打ちどころのない家とは何だろう?」と私はずっと自分に問いかけ続けてきた。しかし、「この地域で一軒家を与えてもらえるとすれば、いったいどの家を選ぶのか?」という質問の答はいつも同じだった――この美しい青い家である。この家では素晴らしい眺望が味わえる。まさしく完璧な場所に建っていた。断然一番の家だったのである。

ある朝、遅い朝食からの帰り道、私は「売り家公開日」の看板を目にした。ふとその家を調べてみたら楽しいだろうなと思ったのだ。狭い通りに沿って、崖の上の道をジグザグにのぼっていくと、看板から看板へと案内されていた。そして、ついに丘の頂にたどりつき、宣伝されていた家を見つけ出した。家のなかに入って、その壮観な出窓のところまで行ったとき、私の前に世界が広がってきた――ティブロン半島の先端、湾の向うに見えるエンジェル島、バークレーとイースト湾、300度の広がりのあるゴールデンゲートブリッジを臨むサンフランシスコの地平線。私はバルコニーを歩いていき、周囲を見渡した。突然、4年間私が探してきたのがこの家だと気づいたのだ！　それがまさにこの青い家だったのである！　即座に、私は契約書にサインした。夢に見た家は、今、私の自宅になっている。

私の人生を変えてくれる人間とサムズで出会ったわけではなかった。しかし、この環境は私に強い影響を及ぼしてくれた。崖の中腹でこの家を見たことが、私の野心を刺激し、夢を膨らませてくれたのだ。結局、この夢を実現するために、以前は考えもしなかったほど懸命に働いたのだ――そして見事に目的を達成したのである！

あなたの夢は、今自分のいる環境よりはるかに大きなものかもしれない。そしてその夢が実現される姿を見るためには、今の環境から出て行く必要がある。今のままでいれば、鉢植えのなかに樫の苗木を植えるようなものなのだ。苗木が根を一杯に生やせば、そこで成長は止まってしまうのである。力強い樫の木に成長するにはもっと大きな空間が必要だ。あなたもそうすべきなのである。

環境を話題にするとき、私が言っているのはあなたが住んでいる場所のことだけではない。あなたを取り巻くすべてのことを対象にしているのだ。あなたの成功を支えるためにふさわしい環境を創り出すというのは、自分の人生のなかにあるすべてのがらくたを掃除することを指すのである。なかなか生産的、効率的に動けないのは、物質的ながらくただけのせいではない。これも重要なことではあるが、ほかにもあなたの周りのがらくた、働けなくしたり、壊したり、嫌悪をもよおしたりさせる精神的ながらくたにもその原因があるのである。あなたの人生のあらゆる中途半端なものが、あなたの栄養を奪っていくのだ。血液を吸い取る吸血鬼とまったく同じように、あなたから目標の達成や成功のためのエネルギーを吸い取っているのだ。当てにならない約束、献身、同意はすべて、あなたの力を徐々に消耗させ、勢いを止めて、前進できなくしてしまう。任務がきちんと全うできない場合には、現状には目をつぶり、つねに過去に責任を押し付けるようになってしまう。自分が今日、きちんと完了できる事項に考えを集中すべきなのである。

これに加えて、目標に向けて前進していく環境を創り出すとき、自分が「我慢している」ことが、結局、人生のなかで影響を及ぼすことになるのを忘れてはならない。これはすべての人生の領域――とりわけ家族、友人、同僚など人間関係のなかに当てはまることだ。あなたが現状を我慢しているなら、あなたの人生のなかの状況や環境にもその姿勢は反映されてしまうことになる。しかし反対から言えば、「自分が価値があると受け入れ、手に入れたいと思っているものも人生のなかに反映されることになる」のだ。

失礼なことをされても許し続けていたら、あなたは軽視されることになるだろう。遅刻されたり、待たされたりしても許しているようなら、人は時間通りに姿を現さなくなるだろう。あなたが低賃金で働きすぎていても、それを我慢しているなら、この状況はたぶんなくなることはない。自分が太りすぎたり、疲れていたり、病気をずっと治そうとしないのなら、そのままの状態が続くことになってしまうのである。

人生は自分が設定した基準を中心に組織されていることに気づくと、人は驚く。他人の行動の犠牲になっていると考えている人もいるが、人間は人にどう扱われるかも実は自分自身で管理しているのである。あなたは世の中が自分に投げかけてくる混沌やストレスを避けている。その代わりに、平穏に生きられるように自分の感情的、精神的、肉体的空間を守っていることのほうに重点を置いているのだ。

ビッグ・モーをあなたの家に連れてくれるばかりでなく、ほかの場所にも伝えるためにも、リズムや一貫性という規律を守るためのルーティンを築き上げたいと思っているだろうか？　もしそうであるなら、あなたが最大限、成長し、行動し、成績を上げられるような、しっかりした環境を創り出さなくてはいけない。

次の章で世界に通用する領域に関する話題を取り上げる間、私は今まで学んだすべてのことを採り入れて、あなたを成功に近づけてもらうための秘訣を教えていきたいと考えている。より一層素晴らしい成果が手に入れられるようにするには、後ほんの少しの努力で十分だ。なにか少しインチキをしているような気持ちになるかもしれない……なにか不正な力で優位に立てたような気持ちが湧いてしまう恐れもある。しかし、人生が公平にできているなんて、いったい誰が言っただろう？

複利効果をあなたに役立てよう

【行動ステップの要約】

↗ マスコミや情報のシャワーを浴びることで、あなたの人生にどのような影響が及んでしまうのか確認しよう。あなたのグラス（精神）を守るのに必要なインプットとは何だろう？　前向きで、励みとなり、支えとなってくれる情報を定期的に頭に入れることで、濁った水（情報）を流し出す方法を決定しよう。巻末の「インプットの影響」シートを利用するか、www.TheCompoundEffect.com/free.からダウンロードしてほしい。

↗ 現在の人間関係を評価しよう。あなたの人間関係でもっと付き合いを制限しなくてはいけないのは誰か？　完全に縁を切る必要があるのは誰か？　あなたの人間関係を広めていく方法を戦略的に検討しよう。巻末の「交友関係の評価」シートを利用するか、www.TheCompoundEffect.com/free からダウンロードを。

↗ 最高の成績を得るためのパートナーを選ぼう。互いに相手に説明責任を果たす時間・方法を決めておこう。それぞれの会話で人に期待しているのはどのような考えか決めておこう。

↗ あなたがもっとも改善することに焦点を当てている人生の3つの領域を確認しよう。この領域のためにそれぞれにひとりの師を見つけて、雇ってみることにしよう。あなたの師は、すでに目標を達成していて、あなたと短い会話を交わしてくれる人物かもしれないし、または本のなかで説明したり、ＣＤで自分の考えを聞かせてくれる専門家かもしれない。

第6章 加速

Acceleration

カリフォルニア州ラホヤに暮らしていたとき、運動と自分の意志力を確めることを目的に、私は定期的に自転車でソルダッド山の2マイルの道を一気に登ったものである。休まずに険しい山を登っていく辛さより、大きな苦痛や苦しみの原因となっていたものが、2、3存在していた。これは意志力が問われる苦しみなのである。「壁にぶち当たる」時点で、私は内面の自分とじかに向き合うことになった。突然、自分が持っていたあらゆる計画や考えがはぎとられ、真実の裸の自分が残されるのだ。頭のなかにはもう自分が自転車を止めてもよい理由について、あらゆる便利な言い訳がつくり出されていく。人生最大の疑問のひとつと向き合うのが実はその瞬間なのだ。苦痛にもめげず、続行していくのか、それともクルミのように砕け散って、諦めてしまうのか？

ランス・アームストロングは、2009年6月、「サクセス」誌の表紙に選ばれた。私はランスがツール・ド・フランスで初めて優勝したところを見た記憶がある。そのツアーでレースは過酷な山道に入っていた。ほかの選手はランスをまったくマークしていなかった。なぜなら山登りのレースでは、彼はほとんど無名の存在だったからである。凍てつく雨、霧、そして霰に耐え、3番目の山を登るとき、ランスはチームから離れた場所にいた。なんとたったひとりで、世界でも一流の山登りのサイクリストたちと競り合っていたのである。5時間半山を登った後、約25キロ、まっすぐに走って、その後、最後の登りであるセストリエール地区に入ったときには、すべての選手が苦しんでいた。ひとりひとりがスタミナの残り具合と自分の状態――耐え抜くことができるか？――を探らなくてはならなかった。これは最大の困難を耐え抜いて、体力を維持し続けられるかを競う試練となった――屈してしまうのは誰で、生き延びるのは誰であろう？

約8キロ走った時点で、ランスは先頭から32秒離されていた。自転車で山を登るとき、この差は永遠にも等しかった。カーブ区間で、ランスは腰を浮かせてふたりのリーダーシャツを着た選手――どちらも登りで世界クラスの定評を持つ――に追いつくまで、しゃにむに前進していった。自分が持っているほとんどすべてのものを出し尽くしたランスは、なんとか先頭に出ることができた。後に、著書『ただマイヨ・ジョーヌのためでなく』（講談社文庫）のなかで、そのときのことを次のように述べている。「距離が開いても、ライバルがそれに反応しないとき、あなたは重大なことを教えられている。相手は動揺しているということだ。相手の気が動転しているときこそが、仕留める瞬間なのだ」。すっかり疲れ切ってしまい、息をするのも苦しく、脚も腕も疲労のために燃えるように感じていた。でもランスはペダルを踏み続けた。そして後ろを見ても、誰も彼に追いつけずにいたのだ。ライバルは追いつく気力を失っていたのである。ゴールで、拳を宙に振り上げたのは予想外の選手だった。彼はステージレースで勝利を収め、結局、ツール・ド・フランスで勝者になったのである。

本章で、私が話したかったのがこの真実の瞬間のことなのだ。そして、複利効果がどれほどあなたを新しい、より大きな成功の段階に導いてくれるのかも説明したいと思っている――あなたは信じられないほど早くその段階に到達できる。準備し、練習し、研究し、そして必要な努力をたゆまず実行すれば、遅かれ早かれ、あなたはこの真実の瞬間に立ち会うことができるであろう。その瞬間、自分がどんな人間で、将来どのような人間になっていくのか、定義することになるはずである。それが成長と改善が実現する瞬間なのだ――人間は前進するか、衰退するかのいずれかである。私たちは表彰台にのぼって、メダルを手にするのだろうか、それとも群衆のひとりとしてずっと他人の勝利に拍手喝采する立場に立っているのだろうか？

期待を上回るほど、ずっと勝利を手に入れ続ける方法を調べていく。幸運は複利効果でさらに増やせるようになるのだ。

真実の瞬間

自伝でランスは次のように書いている。「すべての競争において大切なのは、選手が自分の真の敵と出会い、その敵とは自分自身であると気づく瞬間である。自転車競技で私がもっとも苦しかった瞬間は、自分にとってもっとも興味深い瞬間でもあった。私はいつもその瞬間、自分がどのような答を出すのだろうと思っている。自分は最大の弱点を見つけるのだろうか、それとも最大の長所を探し出していくのだろうか？」

　不動産を仕事にしていたとき、私は1日に何度か壁にぶつかった。最後の見込み客もうまくいかず、期限が切れても予約されていない地所に向けて車を走らせている間、営業訪問をするのはさぼって事務所に戻るための、あらゆる種類の言い訳を考えていたものだ。隣家も訪ねようとしたけれど犬が歯を向いてうなってベルを押せなかったとか、雨になりそうだったとか、マネータイム（午後5時から9時、勧誘電話をかけるべき時間帯）に、「夕食や大好きなテレビ番組を見るのを中断された」といってこっぴどく叱られたとか、トイレに行くためとか、休息するのに一杯水を飲むためとかいった具合に。もうそれ以上努力するのはやめたくなっていたのだ。しかし諦めてしまう代わりに、このような精神的・感情的な壁にぶつかるたびに、私の競争相手も同じような難題に直面していることに気づいたのである。営業を続けようと決意するのは、この状況から一歩踏み出していく新たな瞬間なのである。そしてこの一瞬こそ成功と進歩を決定づける瞬間なのだ。集団と一緒に走って、歩調を合わせているのは、苦しくないし、骨が折れることもない。しかし実はそれでは進歩はないのだ。重要なのは大きな壁にぶつからないようにすることではない。ぶつかった後に、自分がどうするのかが大切なのである。

　有名なフットボールコーチ、ルー・コルツは、最善を尽くして勝利を手にしたときの自分がそれを実行に移したことに気づいた。あるゲームで、彼のチームはハーフタイム時点で42対0と大差をつけられていた。前半終了後の休憩時間、選手がボールをブロックしタックルしリカバーする意欲を掻き立てられるよう、ルーは彼らにかつて勝利を手にした劇的なハイライト映像を見せたのだ。その上で、次に選手たちにすべてのプレーで全力を尽くしても、チームの一員にはなれない、と言ったのである。全力を出すことならどのチームのどんな選手でもやっていたことだからである。それはひとりひとりの選手が力以上のものを出せる能力がなければ、チームの一員にはなれないという宣言だったのである。最善の努力をした後に、さらに一歩踏ん張ることが、違いを作り出すのだ。チームは後半、完全燃焼した。それが勝つための方法である。

モハメド・アリは、スピードと敏捷性ばかりでなく、自分なりの戦略があったから、史上最高のボクサーのひとりになれた。1974年10月30日、アリは「キンシャサの奇跡」でボクシング史上最大のどんでん返しを演じ、ジョージ・フォアマンを破って、ヘビー級チャンピオンに返り咲いた。アリの昔からの後援者だったハワード・コセルも含め、ほとんど誰も元チャンピオンが勝つ可能性はないと思い込んでいた。ジョージ・フォアマンは、以前アリに勝ったジョー・フレージャーとケン・ノートンを、どちらも2ラウンドでノックアウトしていたのだ。

アリの戦略とは何だったのか？　それは若いチャンピオンの弱点――パワーを維持することができないといった欠点をついたものだった。アリはフォアマンに追い詰められたふりをすることで、自分が有利に立てることに気づいたのである。後に、「ロープ・ア・ドープ（消耗戦）」と名づけられた戦術である。アリはずっとロープにもたれていて、顔をそむけている間、フォアマンは7ラウンドで数百発のパンチを繰り出していた。そのため、8ラウンドには、フォアマンはへとへとになっていた。彼は壁にぶつかっていたのだ。アリの放ったコンビネーション・パンチで、フォアマンはリング中央に倒されてしまった。

壁にぶち当たることは障害ではない。むしろチャンスなのである。ランス・アームストロングが2度目のツール・ド・フランスでの勝利に挑んで山に向かうとき、もう1度壁に遭遇した。最初の大きな登りで、春の日の早い時間、雨で濡れた路面でひどい落車をしてしまったのである。この事故のせいで、彼は脳震とうを起こし、脊椎を骨折した。登りに向かうとき、雨が再び降ってきた。しかしランスは不安になったり躊躇したりせずに、次のように考えることにした。「これはまさに攻撃的になれる気候だ。他人がこの気候を嫌がっていることは分かっている。世の中で苦しむのが得意という人間なんてひとりもいない。ということは、自分にとっては素晴らしい日ということだ」。彼の考えは正しかった。ランスは2度目の勝利を持ち帰ることができたのである。

状態がよいときは、事態が容易にはかどってくれる。まったく気が散ることがないときは、誰にも邪魔されず、誘惑に陥らず、足取りが乱れることなどまったくない。そのような状況なら、ほかの人間でも同じようにほとんど見事にやっていける。状況が難しくなり、問題が現れて、誘惑が大きくなったときにはじめて、進歩できるかどうか、あなたの真価が問われるときだ。ジム・ローンが言っている通り、「簡単なほうを求めてはいけない。自分が成長することを願いなさい」

あなたの規律、ルーティン、リズム、一貫性が壁にぶつかったとき、古い自分と決別しよう。その壁をはがして、新しく、力強くて、誇らしく、勝利を手にする自己を見つけ出すのだ。

成果を倍増させよう

あなたにワクワクしてもらえるチャンスを私は用意している。簡単な規則や行動が、時が経つにつれて、あなたにとって驚くほど素晴らしい成果を勢いよく生み出してくれるだろう。では勢いを増して、成果を倍増してくれるものとはなんだろう？　あなたは知りたくないだろうか？　では、ほんの少しの努力で、あなたの成果を飛躍的に増大できる方法を紹介していこう。

あなたがウエートトレーニングをしているとしよう。そして練習プログラムで、あるリフティングを12回繰り返すことにする。12回持ち上げれば、プログラムは終了である。それは素晴らしい成果だ。このプログラムをずっと一貫してやり続けることで、あなたの成果が複利的に増していくことに気づくことだろう。しかしもし自分の限界に突き当たったあと3回から5回はリフティングしたとする。実はそうすることで、あなたへの効果は数倍に増えることになるだろう。トレーニングの総数を2、3倍にするというわけではない。限界に突き当たった後も、リフティングを繰り返すことで、成果は数倍に上がっていくのである。それは今までの自分の最大限の壁を突破することなのだ。それまでリフティングした回数は、あなたを向上させたにすぎない。実際の成長とはあなたが壁にぶつかった後に実行することで、促進されるものなのである。

アーノルド・シュワルツェネッガーは「チーティング（目くらまし）原則」と呼ばれるウエートトレーニング法を利用したことで有名だ。彼は完璧にこだわる人間だった。完璧な姿勢で自分の限界数のプッシュアップを終わらせた後、次に今まで利用していた筋肉を助けるために、手首で調整したり背をそらせたりした。このようなまだ使っていない筋肉を使用し、さらに5、6回繰り返しウエートを上げていたのである。そうすることで、このセットの成果はかなり増幅される（自分の力では持ち上げられなかった最後の数回を、トレーニングパートナーに助けてもらって持ち上げても、効果は増幅されるだろう）。

あなたがランナーなら、次のような経験があるはずだ。その日、自分が設定した目標を達成し、足が焼けるような感触を抱いているのは、あなたが壁にぶつかった証拠だが、そこからもう少し長く走ることにする。この〝少し長く〟走ることとは、実際には、あなたの限界を大幅に乗り越えたことになるのだ。ランニングの成果は以前の倍に増えたのである。

第1章で話題にした「魔法のペニー」を再び取り挙げてみよう。この例では、毎日、価値を2倍にすることで、ちょっとした複利が及ぼす結果を証明している。この同じ31日間に、ペニーを1週間に1度余分に2倍にするだけで、その複利のペニーは、1000万ドルではなく、1億7100万ドルにまで膨れ上がることになる。再度言っておくが、月にたった4日だけでも余分に努力すれば、その結果はさらに何倍にも増えていく。予想よりほんの少し多めにやるという数学が、有効な方法となるのである。

自分自身をもっとも手ごわい競争相手だと思うべきだ。それがあなたの成果を倍にするための最高の方法のひとつなのである。壁にぶつかったときには、さらにその限界を踏み越えてみることである。結果を倍増するためのもうひとつの方法は、ほかの人の予想を上回ることをやることだ――十分ではなく、〝十二分〟にやるようにしよう。

予測を上回る

アメリカの名司会者オプラ・ウィンフリーはこの効果を利用することで有名な人物である――寛大な心や素晴らしい生活と仕事の能力を使って、全員の期待をはるかに上回ることをやってのけてくれるのだから。２００４年9月の「オプラ・ウィンフリー・ショー」の第19シーズンがどのように開始されたか覚えているだろうか？　オプラだから、私たちは多少の派手な演出は予測していた……しかし彼女はすべての人の予測をはるかに上回ることを実行に移した。このシーズンの開幕は、その後数日間、全マスコミの話題の的になったほどの大反響となった。

しばらく、時間を遡ってみよう……この番組の参加者は、自分の友人や家族が新車をなんとしても欲しいと書いていた人たちだった。オプラはそのなかの11人を舞台に呼ぶことで番組を始めた。そして彼ら全員に車を贈ったのだ――２００５年型ポンティアックG6だった。しかし次に、ほんとうの驚きが巻き起こった。彼女はこの番組に参加した全員の予想を上回ることをやってのけたのである。その瞬間は、彼女が番組の残りの聴衆全員に贈り物用の箱を配ったときのことだ。その箱のなかには、12番目の車の鍵が入っていると彼女は宣言した。しかし参加者が箱を開いたとき、全員にその鍵が入れてあったのである。そして「全員が車を手に入れます！　全員が車の所有者になるのです！」とオプラは叫んだのだ。

これが彼女のもっとも有名な例かもしれない。しかし、オプラはやっているほとんどすべてのことで予想を裏切る離れ業をやってのけた。ほかにも、里親やホームレス施設で過ごした20歳の少女に、4年間の大学奨学金、衣服の模様替えと1万ドルの現金を贈呈して、みんなを驚かせた。また家から放り出されそうになっていた8人の里子をもった家族に13万ドルを提供し、家の支払いと修理に使えるようにした。

きっとあなたは凄いと言うだろうが、彼女オプラなら、この程度のことはできる。しかし実際には、オプラのような――お金と名声のある――立場にいる人はほかにもたくさんいる。やろうと思えばこのようなこともできるはずだ。しかし彼女ほどの驚くべき領域にはあえては踏み込めない。でもオプラは実際にやって見せた。それが彼女をオプラたらしめる理由だ。ここから教訓を学んでいただきたい。人生のあらゆる面で予想を上回ることがあなたにもできる、ということを。

妻ジョージアにプロポーズしたときのことだ。結婚の承諾を得るため彼女の父親に会いに行った際、私は期待を超えたいと考えた。ただ会うのではなく、ポルトガル語で話す用意をし、彼女の父親に大きな敬意を払うことにしたのである（私はジョージアの妹に自分の言いたいことをポルトガル語に翻訳してもらった）。彼はきちんと英語は理解してはいたが、英語ではまったくくつろいだ気分にはなれないのだった。サンディエゴからロサンゼルスに向かう間、私は言葉の練習をしていた。花とおやつを携えて、ドアに入っていくと、彼女の父親から居間に入るように言われた。そこで、私は暗記しておいた言葉を口にしたのだ。幸いにも彼は「すごく上手だ」とほめてくれた。

しかしここで終わりではなかった。帰るまでの2日間、私は彼女の5人の兄弟とそれぞれ電話し、家族の一員になる承諾を求めた。簡単に認めてくれた兄弟もいれば、〝受け入れる方向〟に進んでくれた兄弟もいた。肝心なのは、後に私がプロポーズする方法でもっとも重要だったのは、父親への敬意の払い方と兄弟全員に連絡を取ってくれた（そして妹にポルトガル語を教わった）ことだったとジョージアが教えてくれた。それが特別な行為になったのである。このちょっとした気配りが、素晴しい効果を発揮してくれたのである。

スチュアート・ジョンソンは「サクセス」誌の親会社ヴィデオプラスのオーナーである。彼は多額の資金と22年の名声を賭けて、「サクセス」誌、「SUCCESS.com」など「サクセスメディア」の財産を吸収する決意をした。最近の歴史のなかでも未曾有の苦しい経済状況下、出版業界に参入するのは不都合だとみなされていたとき、このような決意をすること自体が、積極果敢な賭けだった。しかし彼はおそらく予想をはるかに上回ることを実行に移した。新しい事業がまだ軌道に乗らず（翻訳すれば、相変わらず赤字経営であり）、主要な企業が２００８年と２００９年に経済的危機で２歩後退している状況で、スチュアートは若者の育成に力を注ぐ非営利財団を創設した。世の中に自己啓発の原則を教えるために、本気で取り組もうとするなら、とりわけその情報をティーンエージャーにしっかり届けたいという考えから設立したのである。こうして、「サクセス」財団が立ち上がったのである（www.SUCCESSFoundation.org）。彼は自己実現の基礎原理を『10代のための成功』という本にまとめた。そして、責任のある提携先や非営利組織を利用して、若い人々の精神の育成に役立てるため、無料でこの本を配布したのである。

スチュアートは個人的に「サクセス」財団の管理運営に資金を提供し、その初年度の間、少数の親友の助けを借りて、お金を投入して、この本を１００万冊以上配布した。現在、この部数はさらに増えている！　スチュアートは、新しい財団に資金を投じるという負担がなくても、かなり莫大な投資をしたために、大きなリスクにさらされた。しかし彼の努力のおかげで、提携候補、マスコミ、同僚、自社の社員からの献金や支援も何倍にも増えた。彼は予測よりもはるかに多くのことをやり遂げた――そしてこの行動には素晴らしい意味があったのである。

壁にぶつかったとき、人生で予測以上に頑張れるのはどのような場面だろう？「あっと言わせる」ことができるような場面とは？ さほど多くの努力をしなくても、もう一歩踏ん張ることで、あなたの成果は倍になる。それは電話でも、顧客対応でも、自分のチームや配偶者を認めたり、ジョギングしたり、ベンチプレスをしたり、夜のデートを計画したり、子どもと時間を共有したりすることでも、なんであろうと構わない……予想を上回り、成果を促進してくれる、多少余分にできることは何だろう？

予想外のことを実行しよう

自分が生まれつきのへそ曲がりであることはわかっている。ほかの全員が実行していること、統一見解、そして人気のあるものを教えられたなら、ふつう私はそれとは逆のことをするだろう。全員がジグザグに動くなら、私はまっすぐ動く。私にとって、流行とは平均的で、ありふれていることを言うのだ。ありふれたものからは平凡な結果しか生まれてこない。もっとも人気のあるレストランはマクドナルドで、もっとも人気のある飲み物はコカ・コーラ、もっとも人気のあるビールはバドワイザー、一番人気のワインはフランジア（そう、箱買いのワイン！）だ。このような〝人気のある〟ものを消費すれば、あなたは一般的、平均的集団の一員にはなれるだろう。しかしそれはありふれているということだ。平凡なのが悪いわけではない。しかし、私は並外れたことを目指すことが好きなのである。

例えば、誰でもクリスマスカードを送っている。しかし誰もが送っているので、私としては実際にはそれほどこのカードを送る気にはならない。代わりに感謝祭にカードを送ることにしている。感謝祭のカードを受け取ったことはどれくらいあるだろう？　そのカードでは、いったいどういう言葉を使うのか？　そのカードはひとつの声明なのだ。コンピュータで一括印刷された「ご多幸を祈る」類のカードとは違うのである。私は送り手と個人的に付き合えたことにいかに感謝し、それが自分にとってどれほど大切なことなのかといった個人的な感情を、手書きで送ることにしている――努力は同じでも、はるかに印象は強くなる。

リチャード・ブランソンは、予測できないことを実行することで、キャリアを築いてきた。私は彼が新しい会社を立ち上げる様子を眺めているのが大好きだ。新しい会社を創るたびに、以前よりもさらに大胆で、驚かされる、意外な組織へと進化していた。地球の周りに熱気球を飛ばしたり、ヴァージンコーラをアメリカで販売するためニューヨーク5番街を戦車で走ったりしたのである。リチャードはいつも予想を裏切ることをやってきた。予測通りの新聞発表、記者会見、派手なパーティーを行って、お茶を濁すこともできるが、彼は代わりに驚くべきことを実行に移してきたのである。おそらく彼が製品を発売するのに使った費用は、ほかの会社と同程度の（ときにはずっと少ない）ものだった。しかしそのやり方がまさに予測を上回っていたのである。〝驚き〟の要素を表現することで、努力の結果は倍になったのである。

あと一歩努力することには、それほど大きなお金やエネルギーはかからない。私が不動産販売をしていたとき、ほかのすべての人は、期限切れの売却物件が出た家を訪ねていたものだ。しかし、私は車に乗って、売却物件のある家を訪問して、〝売却済み〟のサインを手渡していた。「この家に決めます。私を雇って売買物件を引き受けるなら、サインがいりますからね」と、顧客がドアを開くときに言っていたのだ。ガソリンタンクをずっと満タンにするのに必要な値段で、私はすぐに売却物件を手に入れる確率を急激に増やしていったのである。

最近、友人のアレックスは意気込んで大きな仕事を取ろうとしていた。彼はカリフォルニアで暮らしていたが、その仕事はボストンにあった。彼はこの仕事を発注する最終候補12人のひとりに入っていた。地元ボストンにいる候補者は個人的に面談を行うが、それ以外の地域の候補者の面談にはウェブ会議が利用されようとしていた。彼は私に電話してきて、ウェブ会議を円滑に進めるための方法を尋ねてきた。

「この仕事はどれくらい本気で取り組んでいるの？」と私は彼に尋ねた。

「のどから手が出るほどほしいよ」とアレックスは答えました。「この仕事のために、僕は45年の歳月を費やしてきたと言ってもいい」

「それじゃ、飛行機に乗って、じかに面談しに行ったらどうだい」と私は忠告した。

ところがアレックスは「その必要はない。最終面談されるのは3人で、面談者がやってくるんだ」

「いいかい。その最後の３人に入りたいなら、規格外のことをして、ほかの人間との違いを見せなくちゃいけない。すぐにボストンに行って、面接担当者に会ってみるべきだ。それが僕の考えだ」

私は何か目標を定めるなら、完璧に実行して成功を確かなものにするだろう。そこで、私が「衝撃と畏敬」キャンペーンと呼ばれる作戦を開始する。アレックスがこの職探しをしている間、私はできるだけの努力をするように言っておいた——考えられるあらゆる面から攻撃し、休みなく動いているようにと。

「意思決定をする人全員を調査しておきなさい」と私は彼に言っておいた。「関心事、趣味、子どもや配偶者の趣味、そして隣人の趣味まで調査すべきだ。本、記事、贈り物などその人物が好きそうな材料をすべて送ってあげよう。これは度を越していないか、って？　もちろんその通り。でもそこが肝心なところなんだ。君がご機嫌をとろうとしているのに相手は気づくだろう。しかし彼らは君の進取の精神と創造力に感謝してくれるだろう——しっかり彼らの関心を捕まえたなら、たぶん、尊敬も得られるだろう」。さらに、私は続けた。「組織にいる全員について調査してほしい。会社のリストを手に入れて、君の連絡網全体にそのリストを送って、この組織のなかに誰か知り合いがいないか確認してみたらどうだろう。すべての名前をリンクトイン（ビジネス特化型ソーシャル・ネットワーキング・サービス）のデータベースで調べてごらん。連絡する人間を数人探すんだ。その人と話して、口添えしてもらうのさ。彼らに贈り物、メモなどを送り、意思決定者に手渡してもらえるように頼んでみることだ。電話、メール、ファックス、手紙、ツイッター、フェイスブックなども利用してごらん。このやり方は攻撃的と言えないかって？　もちろんそうだよ。たしかにあまり攻撃的になりすぎると、5回に1回は失敗に終わるのは分かっている。でも4回はうまくいくものさ！」

しかし、アレックスはアドバイスを聞き入れず、職を手にすることはなかった。最後の3人に入れなかったのである。私はこの組織が採用した人物より、アレックスのほうがはるかにすぐれた存在であると断言できる。しかし相手に強い印象を持ってもらえず、そのために憧れの仕事を断られてしまったのだ。

私はある企業の役員をしている。この企業は重要な計画を進展させるのに影響を及ぼすある法律に署名してもらうために、ひとりの下院議員が必要だった。しかしこの政治家は頑として動こうとはしない。それは実際的な問題があったためではなく、この法律に賛成している別の政治家に対抗したいという政治的下心が働いていたせいだった。彼を振り向かせるのは無理だと感じた私は、この議員よりもっと上の人間に会いに行って、話をするように提案した――その人物とは彼の妻である。私たちは、彼の妻と親しいひとりの人に辿りつくまで、ネットワークで調査した。こうして、彼女が通っている教会の礼拝が済むまで、外で待機していて、彼女の友人に紹介してもらったのである。私たちは自分たちの抱える重要な問題とその意義について説明し、彼女の夫に支持してもらい、貧しい地域のなかに放課後の学童クラブの施設を築けることができたなら、数百人の子どもたちの人生によい影響を与えることができると説得した。言うまでもなく、この議員は翌週の火曜日までに法律に著名し、会社は計画を実現することができた。

人を注意散漫にし、退屈させるような宣伝を垂れ流す社会で、あなたの声を人に聞いてもらうためには、予測もしなかったことを実行する必要がある。注目に値する意見や理想を抱くことができるなら、自分の言い分を聞いてもらうために、たとえそれが予想外のことであっても、必要なことを実行しよう。自分の発揮できる領域に、かなり大胆な冒険を付け加えてみることだ。

予想を上回る素晴らしい行動

私が取締役を務める、非営利組織インビジブル・チルドレン（www.InvisibleChildren.com）は、誘拐されて、ウガンダ北部やコンゴで兵士にされた子どもたちを救出し、奪還する運動を援助している。この大義名分を社会に浸透させてもらえるように、この組織は「ザ・レスキュー」と題されるイベントを100の都市で主催した。この大会では、80万人以上の若者が、地域で著名な指導者が〝子どもたちを救済し〟、関心と支援を提供してもらえるようになるまで、戸外でキャンプを張っていた。このイベントの4日後には、ひとつの都市を除いてすべての都市が地域の指導者を見つけ出すことができた。そこにはアメリカ上院のテッド・ケネディ、ジョン・ケリー、ヴァル・キルマー、クリスティン・ベルをはじめとする多数が、99の都市に姿を現したのである。残った最後の都市がシカゴだった。この都市にはオプラが必要だったのである。6日後にも、彼女は姿を現さなかった。4日目に、オプラが経営する撮影所ハーポ・スタジオを取り巻くために行進が組織された。その翌日、昼夜を分かたず、歌と踊りが繰り広げられていた。そして6日目、厳しい気候にも耐え、雨のなかでも眠った、500人以上の参加者がオプラの撮影所を取り囲み、午前3時半から看板を掲げながら、黙って立っていた。その朝、オプラはハーポスタジオのドアから歩いて出てくると、この非営利組織の創設者と話し合い、その朝、2000万人以上が視聴する番組に、グループ全員を招いて生放送の短いコーナーに参加させたのである。

この番組から巻き起こった関心がインビジブル・チルドレンを「ラリー・キング・ライブ」など232もの報道機関に関心を向かわせる原動力になったのだ——全部で6500万人以上にその関心が届けられたのである。このような不幸な子どもたちを救うための、インビジブル・チルドレンの努力を支援する法律が、現在、議会でも可決された。組織はすでに「ザ・レスキュー」のイベントで予測以上の成果を収めていた。しかしそれはイベントの最後の都市（そしてオプラの関心）を獲得するための、あと一押しの積極性と不動心がインビジブル・チルドレンにこれまでで最高の擁護者を得るだけの力を与え、成果を何倍にも増やせたのである。

予想ラインを見つけたら、次にその線を上回る努力をしよう。小さなことでも——またはとりわけその一瞬でも境界線を越えるべきだ。例えば、どんな催しでも服装の基準と思われるものがあるとするなら、その境界線から一歩踏み出してみよう。服装に自信が持てないとき、私は求めより立派すぎる服を着てきて失敗している。これが単純すぎることには気づいている。しかし、それがいつも予想以上の成果をあげ、予想以上に立派に行うための自分の基準を満たす努力の一環なのだ。

大企業のために基調演説を行うとき、私は講演のためにかなりの時間をその準備に費やしている——企業の組織、製品、市場、期待について学習するためだ。私の目標はつねに相手の予測を確実に上回る話をすることだ。だから根気強く準備することで、この目標を実践しているのである。私が人々からいい評判をもらえている大きな理由は、予想を上回る成果を達成する点にある。優れているという評判が、何度も市場でのあなたの成果を倍増させてくれる力となるのである。

売り手や供給業者などと契約で約束された数日前に、お金を支払うことを哲学にしているCEOと一緒に仕事をしたことがある。私も翌月の支払いでは、いつもその月の27日に小切手を受け取ってもらっていて、恐縮していたものである。私がその点について尋ねてみると、彼はきっぱりこう言った。「お金の額は同じでも、早めにお金を受け取られると、相手は驚きとともに好感も抱いてくれる。これはお金では買えないものだよ——君もやってみたらどうだい?」

私がスティーブ・ジョブズにとても感銘を受けている理由のひとつがその点にあるのだ。「サクセス」誌の表紙で特集したすべての一流人物のなかで、ジョブズは私の大好きな人物のひとりである。アップルの新しい製品が発表されるときはかならず、ジョブスは人々を驚かせる新機能の追加を多少(またはかなり)提供している。長い目で見れば、ほんの少しの追加にすぎないかもしれないが、それは予想以上に素晴らしい成果をもたらし、顧客からの印象や反応がよくなり、会社への愛着を深くしてくれるのだ。ほとんどが期待に応えてはくれない世の中で、成果を速やかに実現したり、予想よりも優れたことを実行すれば、他社より抜きん出ることができるのである。私は牧師で自己啓発作家のロバート・シュラーが「サクセス」誌(2008年12月号)で語った、「最初に〝驚き〟がなければ、そこにはなんら価値がないということだ」という言葉が大好きだ。

大型百貨店チェーンのロードストロームは、これと同じ標準を打ち立てたことで有名である。いざ顧客サービスのこととなると、この会社はつねに予測を上回る努力をしている。ロードストロームでは、1年以上前に購入した商品でもレシートなしで返品に応じることで知られている。違う店で購入した商品でもこのサービスが受けられる場合さえあるのだ！　なぜそんなことをするのだろう？　それはこのように期待以上の行動を取ることで信頼が築かれ、顧客に忠誠心を植え付けてもらえるのが分かっているからなのだ。その結果、つねに関心を引いてもらえるし、素晴しい名声も生み出すことができたのである。結局、私はこの点をあなたに再認識してもらいたいのだ。それで複利効果がさらに活発に効果を発揮し続けられるのである！

私はあなた自身の人生――あなたの日常の習慣、規律、ルーティン――のなかで、この哲学をぜひ採り入れてもらいたいのだ。多少余分に時間、エネルギー、アイデアを使うことは、あなたの成果を単に改善するだけではない。革命が起きる、のである。自分を並外れた存在にするためには、今よりほんの少し余分な努力が必要なのだ。あなたの人生のあらゆる領域で、標準から少し自分を踏み出してごらんなさい。多少努力して、少し多めに時間をかけ、今より多少準備する機会を複数探し出すのだ。ほんの少し余分にやるということだ。自分が、予想以上にうまく、余分にできるのはどのような領域だろうか？　人に「驚き」を与えられる機会がそれだけたくさん見つけ出せれば、成功を達成するまでの速度が増し、成果も大きくなることにあなた、そしてあなたの周りのすべての人は驚くことになるだろう。

複利効果をあなたの役に立てよう

【行動ステップの要約】

↗ あなたにとっての真実の瞬間に出会うとき（例えば、見込み客に電話をしたり、運動したり、配偶者や子どもと話したりしたとき）はいつだろう？　その瞬間を明らかにし、新しい成長を始める努力が必要な時期と、他人や古い自分から今の自分を切り離すことのできる領域に、気づこう。

↗ あなたの人生で、「余分に」実行できる3つの領域を明らかにしよう（例えば、ウエートリフティングのバーベルを持ち上げる回数、電話、承認、感謝の気持ちなど）

↗ あなたの人生のなかで期待を上回ることのできる3つの領域を明らかにしよう。あなたが「驚き」の瞬間を作り出せる状況や、そのための方法は何か？

↗ あなたが予想外のことを実行できる3つの方法を明らかにしよう。通常、予測されることからあなたを差別化することのできる領域とは？

結論

Conclusion

学んでも実行しなければ役には立たない。私は自分の楽しみのために本書を執筆したわけではない（執筆はたいへんだった！）。また、あなたに「意欲を起こしてもらう」ために書いたわけでもないのだ。意欲を起こしても行動がともなわなければ、自分を欺くことになる。「はじめに」で書いたとおり、複利効果があなたの人生の中で明らかにする成果は、驚くほど膨大なものである。その効果の大きさを知れば、あなたは成功を手に入れるために、もう祈ったり、願ったりすることはなくなるだろう。一貫した前向きな活動としっかり組み合わせたとき、複利効果はあなたの人生のなかに、ずっと消えることのない、真実の変化をもたらす道具となる。本書と本書で説明した哲学を、あなたの指針としよう。この哲学と成功戦略をじっくり考えることで、あなたは、純粋で、具体的で、計測可能な成果を創り出していくことができる。小さくて、一見害がないように見えても、悪い習慣があなたの人生に再び舞い戻ってきたなら、本書をかならず取り出そう。一貫性が維持できなくなるたびに、本書を開くことである。自分の意欲に再び火をつけたり、自分のパワーを支えていこうとするときにはいつでも、本書を見直すようにしよう。本書を読むたびに、人生に決定的な勢いが再び生まれてくるだろう。

ここで、私のやる気に火をつけてくれたものを伝えておこう。私の人生のなかで中心となる価値は、重要性である。私の願いは他人の人生を前向きに変えてあげることである。だから、この目標を実現するためにも、私はあなたに自分の目標を実現してもらわなくてはならない。私が求めているのは、人生を変えるような成果をあなたに実現してもらうことなのだ。本書から手に入れた、驚くほど素晴らしい成果を私に連絡してもらいたい。メールや手紙を送ったり、翌年（今から5年から10年先でも）、空港で私の足を止めたりして、その成果を報告してもらいたいのだ。そのようなうれしい瞬間が訪れてはじめて、私の目標、目的の実現が実感されるだろう――人生で重要な価値を伝えながら自分が生きていることに気づけるのである。

あなたがこの結果（そして、私にとっては自分への信用状）を手に入れるために、新しい洞察と知識に基づいて、直ちに行動に移してもらう必要がある。実行されない考えは浪費にすぎない。私はあなたにそんな無駄をしてもらいたくない。新しい信念に基づいて行動する時間は、今この瞬間にある。今すぐ、あなたに力を持ってもらいたいのである。その力を自分の手につかむのだ！

あなたは自分を劇的に改善させていく覚悟を固めただろうか？　もちろん、あなたははっきり「はい」と答えてくれているはずだ。しかし、必要な変化のための用意を口にすることと、実際にその決断を実行に移すことは、同じではない。今までとは違う結果を手に入れるには、今までとは違ったことを実行しなくてはならないのである。

どのような状況に置かれていても、本書を手にした年月がいつであっても、あなたに、次のような簡単な質問をしておきたい。「5年前のあなたの人生を振り返ろう。では、その5年後である、今の状況はどうだろう？　やめると誓っていた悪い習慣は捨てたか？　理想の姿に自分を変えたか？　期待していた高い収入、憧れのライフスタイル、個人的自由は手に入れたか？　元気いっぱいで、豊かな愛情に包まれ、一流の技術を身に付けているか？」

それが実現していないとするなら、いったいその原因は何だろう？　答えは簡単だ。あなたの下した選択に責任があるのだ。新しい選択に変えよう――次の5年間も、以前の決断を続けているようではいけない。今回できっぱりと、あなたの人生を変える選択をしよう。

これからの5年間は、これまでの5年間とはまったく違った人生が創り出されるだろう！　私が望んでいるのは、目隠しをもう外してもらうことだ。あなたは成功を手に入れるために必要なものについての真実を理解した。あなたはもう言い訳をしなくなった。私のように、あなたも最新の流行にだまされることを拒絶するようになった。また役に立たないその場しのぎの手段にもう惑わされたりしない。あなたは願望を実現する方向に導いてくれる、単純だが正統な規則につねに意識を集中していけるようになるだろう。成功は必ず達成できるが、かといって一夜で成し遂げられるわけではないことも分かっている。一瞬一瞬、前向きな選択を下す努力を怠らなければ、複利効果は突如として、驚かせるような高い場所にあなたを立たせてくれるだろう（目に見えるほど、すぐに気づける結果ではないが）。それは友人、家族、競争相手も驚かせることになるだろう。あなたが自分の〝動機〟に忠実で、新しい行動や習慣をずっと続けていけるなら、勢いがつきはじめ、たちまちあなたを前進させてくれるだろう。そして、その勢いで前向きな行動を一貫して続けていけば、

5年後の状態が今と同じであるわけはない。複利効果が発揮されたなら、想像を絶するほど大きな成功が実現され、信じられないほど素晴らしい経験が味わえるだろう。

あなたに価値ある成功原理をもうひとつ伝えたい。私が人生で求めるものをすべて獲得するための最高の方法は、エネルギーを他人に与えることに集中する、というものだ。自信を深めたいなら、周りの人がより自信をもてるよう、手助けする方法を探すことである。もっと希望を抱き、建設的になり、勇気を持てる人間になりたいなら、ほかの人の一日にも希望を与えられるよう努力しよう。もっと成功したいのなら、もっとも手っ取り早い方法は、ほかの人が成功を手に入れるのを助けることである。

他人を助けよう。自分の時間とエネルギーを人にも気前よく分け与えることから生まれる波及効果は、あなた自身にも最高の成果を受け入れるようにしてくれるだろう。あなたの人生を素晴らしい旅にするために実行してもらいたい最初の簡単な、小さな一歩として、私はこの哲学をあなたの人生で実践してもらうことをお勧めする。本書で大切なことを見つけ、多少なりともあなたに役立ててもらえたなら、あなたが気にかけている、同じように成功を求めている5人の人物に本書を贈ってもらうのはどうだろう。受け取る人は、おそらく親戚、友人、チームの仲間、販売店員、ひいきにしている地元の小売業者のオーナー、または出会ったばかりでも、人生で大いに躍進するのを願っている人かもしれない。それが私の利益になるように聞こえることは分かっている。確かにそうだ。思い出してもらいたいが、私も成功を実現した人を模範にしてきた。私の目標は何百万もの人に成功を味わってもらうことだが、そのためには、私もあなたの助けが必要なのだ。

しかし、次のことを約束しておく。結局、それでもっとも大きな利益を得られるのはあなただということだ。もっと成功を手にする方法をほかの人に教えてあげることは、あなたの人生でのより大きな成功を育む方向への最初の一歩なのである。それが、ほかの人の人生のなかに素晴らしい成果を生み出してあげられるのである。本書は人の人生の進路を永久に変えていくことになるだろう……そして、その力を与えてくれるのが、おそらくあなたなのだ。あなたがいなければ、この5人は平凡な人生で終わることになるかもしれない。

本書を贈る5人を書き留めよう。

1.
2.
3.
4.
5.

あなたの大切な時間を私のために割いてくれたことに感謝する！　私はあなたに「成功した」と口にしてもらえる日を心待ちにしている。

あなたの成功のために！

ダレン・ハーディ

付録

www.TheCompoundEffect.com/free にアクセスして、ワークシートをダウンロードしてほしい。

■1■　感謝の査定

人生で私が驚かされた3人は、

1.

2.

3.

私の体について3つの素晴らしい点は、

1.

2.

3.

私の家や住んでいる場所について3つの素晴らしい点は、

1.

2.

3.

私が働いている場所やしていることについて3つの素晴らしい点は、

1.

2.

3.

私が与えられたユニークな才能や技術のなかで3つの素晴らしいものは、

1.

2.

3.

私が与えてもらった知識や経験の中で3つの素晴らしいものは、

1.

2.

3. ＿＿＿＿＿＿＿＿

人生で私に「幸運」を味わわせてくれた3つの方法は、

1. ＿＿＿＿＿＿＿＿
2. ＿＿＿＿＿＿＿＿
3. ＿＿＿＿＿＿＿＿

人生で富や豊かさや繁栄を手に入れる3つの方法は、

1. ＿＿＿＿＿＿＿＿
2. ＿＿＿＿＿＿＿＿
3. ＿＿＿＿＿＿＿＿

■2■　核となる価値の査定

あなたの価値観は人生にとってのGPS（全地球測位システム）にあたるものだ。自分の価値を定義して、現状と適切に照合することが、壮大な未来像に向けて自分の人生を軌道修正するためのもっとも重要な手段のひとつなのである。次の一連の質問は、あなたにとってほんとうに重要なこと、人生にとってもっとも大切なことを評価したり、明確にしたりするための助けになるだろう。すべての質問にしっかり答えてくれたら、あなたの人生の6つの価値を選ぶのに役立つことだろう。

人生で私がもっとも尊敬している人は誰か？　その人物の核となる価値は何か？

私の一番の親友は誰で、彼（彼女）の持つ3つの長所は何か？

私がすぐにひとつ以上の長所を持つことができるとするなら、それは何にするか？

私が大嫌いな3つのものは何か？（例えば、動物虐待、クレジットカード会社、森林破壊）

世の中の人々がやっている、私がもっとも嫌いな3つのことは何で、その理由とは？

私が人にもっとも褒めてもらえる性格、属性、長所は何か？

自分の子どもに伝えたい私のもっとも価値あるものとは何か？

■3■　人生の査定

現実を直視しよう

考え込んで査定することほど、間違った答えや間違った基準に至り、答えの解釈が信用できなくなるものはない。自分に正直になり、現実を見据えることだ。事実に即した反応は、多少まごついたり、骨が折れるかもしれないが、そうしなければ誰も真実は理解できない。自分を欺いていては、成功できないことを覚えておこう。

次の1から5の尺度で評価しよう、1が最も真実から遠く、5が最も真実に近いものだ。

人間関係と家族

私は毎週家族と少なくとも10時間は過ごしている。	1	2	3	4	5
私は毎週友人と少なくとも1度は会っている。	1	2	3	4	5
私の人生に絶対に許せなかった人はひとりもいない。	1	2	3	4	5
私は配偶者、両親、友人との仲をよくする方法に積極的に取り組む。	1	2	3	4	5
私は友人や家族の成功を支援したり、助ける手段を積極的に探している。	1	2	3	4	5
私は人間関係の対立が生まれたら、その責任を完全に負う。	1	2	3	4	5
私は一緒に生活したり、働いている人をすぐに信頼する。	1	2	3	4	5
私は一緒に生活したり、働いている人すべてに100％正直で、打ち解けている。	1	2	3	4	5
私は他人に約束し、その約束を尊重している。	1	2	3	4	5
私は支援が必要だったり、助けを求めているときに気づいている。	1	2	3	4	5

総計　（　　　）

身体

私は少なくとも週に3回筋トレをする。　1　2　3　4　5

私は少なくとも週に3回有酸素運動をする。　1　2　3　4　5

私は少なくとも週に3回ストレッチかヨガをしている。　1　2　3　4　5

普通の日は、私は1時間しかテレビを見ない。　1　2　3　4　5

私は毎日（コーヒーだけでなく）朝食をきちんと摂っている　1　2　3　4　5

私はファストフードは絶対に食べない。　1　2　3　4　5

私は少なくとも毎日30分は外で時間を過ごす。　1　2　3　4　5

私は少なくとも夜は8時間、起きずに睡眠している。　1　2　3　4　5

私はカフェイン飲料を毎日1回しか飲まない。　1　2　3　4　5

私は少なくとも毎日8杯水を飲む。　1　2　3　4　5

総計　（　　　）

■4■ 習慣の査定

あなたが会いたい人や、成し遂げたい成果を引き寄せるためには、あなたが必要とされる人間に成長することだ。そうすることで魔法が生まれる。下の例を利用して、あなたの目標を達成するための魔法の要素は何か決めよう。

(例) 目標……2010年、収入を100万ドル以上にする

私が成長するために必要な人物の一般的説明

・私は時間効率性を習得する。
・私は高い収入と高い生産性を生む活動に意識を集中する。
・私は一時間早く起きて、毎朝、優先事項となる目標を点検する。
・私はきちんと体を動かし、週に4日運動し、仕事時間は活動的で、効率的に振る舞う。
・私は自分の情熱を支えたり、励ましたりするアイデアやインスピレーションを精神に与える。
・私は自分の期待を膨らませ、自分を支えて、規律、努力、成功率を高めてくれる同僚や師に囲まれている。
・私は賢く、自信に満ちた、有能なリーダーである。
・私は自分の周囲の全員の長所や偉大さを探し、伸ばしている。
・私は顧客に優れたものを届け、継続的に彼らを「驚かせる」手段を探して、リピーターになっ

てもらい、人にたくさん紹介してもらっている。

始めるために必要な新しい習慣、規律または行動

・午前5時までに起床。前向きな材料を頭に提供する──毎日、自己啓発や教育用の本を10分読み、CDを30分聞く。
・静かに考える時間30分。
・計画を立てる時間、そして身体によい繊維やタンパク質の豊富な朝食に30分。
・少なくとも週3回30分の運動。
・週10人の新しい大口顧客に訪問、週10人の顧客を調査、サービス、報告する、毎日、翌日の計画を立て、社員や顧客の誕生日・記念日を思い出し、ニュース、ブログ、見込み顧客の最新情報に注意しておく。

強化する必要のある現在の健全な習慣、規律または行動

・チームメートが成功したときには功績を認める。管理義務を委託する。早く出社する。仕事しやすい服装にする。

やめなくてはいけない悪い習慣や行動

・夜2時間テレビを見たり、車でニュースを聞いたりすること。

・やらなくてもいい会議に出席したり、自分の高い優先順位のあることに矛盾する計画に賛成してしまうこと。
・同僚の噂話をしたり、景気、市場、チームメート、顧客のことで不満を言ったりすること。
・日中、フェイスブックなど個人的ソーシャルメディアのサイトを呼び出したり、時間を使ったりすること。
・午後7時半以降は食べたり、夜のワインを一杯以上飲んだりすること。顧客がいないのに昼食時間を長くとってしまうこと。

主要な3つの変更と日常のルーティンで目的を実現する方法

習慣、行動、規律	ルーティンでの実行
心を豊かにする	朝、コーヒーを沸かしている間に30分読書をする。事務所の通勤時にオーディオプログラムに耳を傾ける。
週10人の新規顧客を訪問する	火曜日の午後2～5時、水曜日の午前10時～正午、木曜日の午後1～4時
支えてくれる関係	2週間に1度マスターマインド（共通の目標を持った人の集まり）に参加し、語り合う。

行動／活動	月	火	水	木	金	土	日	達成	目標	結果
							合計			

約束とはやると言ったことを実行することである。それを言ったときの気分がなくなってしばらく経ってもそれは変わることはない。　日付範囲：＿＿＿＿＿－＿＿＿＿＿＿＿＿

■5■　1週間のリズム記録

1週間のリズム記録を、145ページを参照しながら、上の表に記入する。

■6■　インプットの影響

あなたのインプットを査定する

あなたの精神にあまり役に立たない情報（インプット）を与えている可能性のある手段を調べよう。別にやっていない場合には、ゼロを記入しよう。

活動の種類	1日	1週間	1年の回数
・新聞の購読	（　）	（　）	（　）
・朝のテレビ番組（ニュース番組）	（　）	（　）	（　）
・自動車でのラジオ聴取	（　）	（　）	（　）
・晩のテレビニュース	（　）	（　）	（　）
・昼間のテレビニュース（CNNなど）	（　）	（　）	（　）
・ウェブサイトのホームページのニュース	（　）	（　）	（　）
・RSSニュースフィード	（　）	（　）	（　）
・ニュース、ゴシップブログ、ウェブサイト、リーダーなど	（　）	（　）	（　）
・ニュース雑誌（「ニューズウィーク」「タイム」など）	（　）	（　）	（　）
・ゴシップ雑誌（「ピープル」「ヴァニティ・フェア」など）	（　）	（　）	（　）
・その他のニュース、ゴシップ、ソーシャルメディア	（　）	（　）	（　）
・Sitcomやテレビ視聴	（　）	（　）	（　）
・人生を肯定していない映画の視聴	（　）	（　）	（　）
総計	（　）	（　）	（　）

新聞、テレビ、ラジオ、雑誌、ウェブサイトなどで、否定的で、恐怖心をを利用して、くよくよ

させたり、うわさ話にしたり、どうでもいい社会的意見を垂れ流す情報を削除したり、大幅に削減する3つの方法を挙げよう。

1.

2.

3.

あなたの精神を養う計画

事前に、あなたの精神に、前向きで心を鼓舞してくれる、豊かで繁栄志向の、アイデア・情報・インプットを与えてくれる方法は何か？

1.

2.

3.

4.

5.

名前	身体	金銭	仕事	気持ち	精神	家族	対人	生活	平均
1.									
2.									
3.									
4.									
5.									
平均									

■7■　交友関係の評価

現在の関係を査定しよう

家族（配偶者と子ども）とあなたの仕事で親密な関係のある人物（仕事だけの関係の会社の人）以外の人とあなたが使った時間の総数に関する査定だ。以下のそれぞれの領域での成功度を評価しよう。

今、あなたの関係を組織して次の３つの種類にまとめよう。関係断絶、関係制限、関係拡大。

関係断絶

たぶんあなたは上の表の人物と関係を断絶する必要がある。あなたの人生に関連し、あなたにマイナスの影響――精神的、感情的、姿勢、身体ほか――を及ぼす人である。あなたが話したり、食べたり、飲んだり、見たり、聞いたりするものに悪い影響を及ぼしているのは次の人だ。

名前

1. ＿＿＿＿＿＿＿＿
2. ＿＿＿＿＿＿＿＿
3. ＿＿＿＿＿＿＿＿

www.TheCompoundEffect,com/freeから、ワークシートをダウンロードしてほしい。

謝辞

Acknowledgments

私たちの、サクセスメディア、「サクセス」誌に携わるチームに感謝と謝意を述べる。彼らの血の出るような努力が私を支えてくれた。とりわけ親友で、同僚のリード・ビルブレイとスチュアート・ジョンソンに感謝する。

私の執筆にインスピレーションを与えてくれる、同僚のリンダ・シヴァートセンにも感謝する。私の過去の出来事や参考文献を探し出してきて、私の話の流れに秩序とまとまりをつけてくれた。編集の達人エリン・ケーシー、つねに天才的感触の持ち主である「サクセス」誌の編集者リサ・オッカー、そして編集長のデボラ・ハイズにも感謝する。

過去20年間、一緒に仕事をして、学んできた多くの素晴らしい自己啓発の専門家たち、そして彼らはインタビューをして、そこから新しい洞察、アイデア、英知を集める機会を私に与えていただすべてのCEO、革命的企業家、一流の成功者たちに感謝する。

さらに、「サクセス」誌、私のブログや著書に感謝の言葉を贈ってくれた熱心な読者に。みなさんのおかげで、私は自分の能力を全力を挙げて追及する意欲を起こすことで、さらに多くの人を助けることができたのである。

そして最後に、自分にとってもっとも大切な、美しくて、素敵な妻のジョージアに。この原稿を完成するために働いくために、彼女は私のいない多くの深夜と週末を過ごすという犠牲を払ってくれた。

訳者あとがき

本書は、2012年の刊行以来、多くの読者から熱い支持を得て、その人気は今も衰えることを知らない。現在、米Amazonのサイトでは3000以上のレビューがあり、しかもそのほとんどが本書に高い評価を与えている。まさしく自己啓発関係の分野における必読書といえるだろう。

その理由とはなんであろうか？　読者のなかには、本書を読めばたちどころに、願望をかなえたり、問題を解決したりしてくれる魔法のような方法が書かれているのだろうと考える人もいるかもしれない。すぐに大金が手に入ったり、いきなり学力が向上して一流大学に合格したり、1カ月で10キロ減量したりといった具合に。しかし本書がテーマにしているのは「複利効果」である。すなわち、馬券を買って大穴を当てようとしたり、ハイリスク・ハイリターンの投資で一攫千金を狙ったりするのではなく、元本ばかりでなく、得た利子にも利子を積み上げていく投資である。この方法は派手な投資と違い、最初ははっきりした影響は見えてはこない。しかし、年月が経るにしたがって、その利益は雪だるま式に増えていくのである。20世紀最大の物理学者とも言われるアインシュタインも、最終的には凄い利益をもたらす複利を「人類最大の発明」と呼んだほどだ。

本書のなかで、著者ダレン・ハーディは、この複利の考えを人間関係、健康、幸福などお金以外のものにも活用する方法を語っている。本書が多くの人に絶大の支持を与えているのはまさにこの偉大な考えを人生全般の「取り扱い説明書」として公表している点にあるのだ。

しかし、これほど効果抜群の複利にもひとつ難点がある。ダレンが指摘していたように、この複利効果は月日を経なければはっきりした効果が目に見えてはこないことだ。つまりどんなに効果があったにしても、それが実感できなければ、せっかく始めたよい習慣も途中で挫折し、悪い習慣に舞い戻ってしまうということだ。どうすれば、よい習慣を継続しこの複利の弱点を克服することができるのだろう？

最近、「やり抜く力」が話題になっていたことはご存じのことかと思う。そして、なにごとかをやり抜くための最大の武器が意志の力だと多くの人が思い込むようになった。ところがダレンは、意志力に頼ると目標が達成できない、と喝破している。そして、目標にきちんとした動機を持つことの重要性を本書ではとくに強調し、指導もしてくれているのだ。まさに理論倒れにならず、読者にずばり真実を断言できるのは、彼がまさに叩き上げの人間として世の中を渡ってきたからにほかならない。ちなみに、心理学者のデイヴィッド・デステノも『なぜ「やる気」は長続きしないのか』（拙訳、白揚社）のなかで、意志力の持つ弱点を心理実験によって実証的に暴いている。

ビジネスマンとしてのダレンは、年収が18歳までに10万ドル（1000万円強）、24歳までに100万ドル（1億円強）を突破し、27歳のときには5000万ドル（50億円強）を売り上げる企業のオーナーとなった。そして現在、「サクセス」誌の発行者兼編集者として、多くの一流作家、起業家、スポーツ選手、エンターテナーとインタビューし、素晴しい成功の背後にある秘訣を導き出し、多くの人に知らせている。今や、ダレンにとっての人生の意味とは、できるだけ大勢の人に充実した人生を送る手助けをすることにあるのだ。そして本書は、彼のこの願望を実現するために執筆された、まさに究極の一冊なのである。

最後になりましたが、パンローリング株式会社の皆さま、とくに翻訳にあたってお世話になった庄司佳世氏、編集担当の徳富啓介氏に感謝いたします。

住友　進

2020年3月

■著者紹介

ダレン・ハーディ（Darren Hardy）

　ダレン・ハーディは25年以上、自己啓発業界の指導的役割を果たしてきた。テレビネットワークでは複数の自己啓発をテーマにする番組を指揮。2000以上のテレビ番組、ライブイベント、制作、世界の一流専門家とのプログラムも立ち上げてきた。

　起業家としては、24歳までに年間100万ドル以上の収入を得、27歳で年500万ドルを売り上げる企業のオーナーとなった。彼は数千人の起業家を教え、多くの大企業にアドバイスし、いくつかの企業や非営利組織の委員も務めている。

　現在は「サクセス」誌の発行人兼編集長であり、人間の業績や成功に関する一流の専門家、多くのCEO、革新的起業家、花形スポーツ選手、エンターテイナー、オリンピックの勝者にインタビューし、成功の背後にある秘訣を導き出し発表している。経済・金融の概念である複利を、生活習慣と結び付けることを提案したパイオニアでもある。

■訳者紹介

住友 進（すみとも・すすむ）

　翻訳家。早稲田大学第一文学部卒業。訳書に、デステノ『なぜ「やる気」は長続きしないのか』（白揚社）、ホワイト『殺戮の世界史　人類が犯した100の大罪』（早川書房）、チャタジー『アメリカ超一流大学完全入試マニュアル』（講談社）ほか多数。

2020年5月4日　初版第1刷発行

フェニックスシリーズ ⑩2

複利効果《ふくりこうか》の生活習慣《せいかつしゅうかん》
——健康・収入・地位から、自由を得る

著　者　　ダレン・ハーディ
訳　者　　住友　進
発行者　　後藤康徳
発行所　　パンローリング株式会社
〒160-0023　東京都新宿区西新宿7-9-18　6階
TEL 03-5386-7391　FAX 03-5386-7393
http://www.panrolling.com/
E-mail　info@panrolling.com
装　丁　　パンローリング装丁室
組　版　　パンローリング制作室
印刷・製本　株式会社シナノ

ISBN978-4-7759-4228-4